Début d'une série de documents en couleur

COUVERTURES SUPERIEURE ET INFERIEURE D'IMPRIMEUR

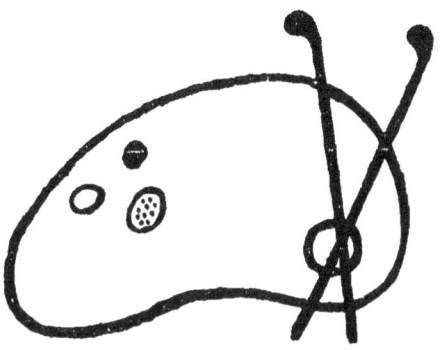

Fin d'une série de documents en couleur

MON FRÈRE YVES

CALMANN LÉVY, ÉDITEUR

DU MÊME AUTEUR

Format grand in-18

AU MAROC.	1 vol.
AZIYADÉ	1 —
FANTÔME D'ORIENT.	1 —
FLEURS D'ENNUI	1 —
JAPONERIES D'AUTOMNE.	1 —
L'EXILÉE.	1 —
LE LIVRE DE LA PITIÉ ET DE LA MORT. . . .	1 —
MADAME CHRYSANTHÈME.	1 —
LE MARIAGE DE LOTI	1 —
PÊCHEUR D'ISLANDE.	1 —
PROPOS D'EXIL.	1 —
LE ROMAN D'UN ENFANT	1 —
LE ROMAN D'UN SPAHI.	1 —

Éditions illustrées.

MADAME CHRYSANTHÈME, format in-8° cavalier, avec un grand nombre d'aquarelles et dessins de Rossi et Myrbach.	1 vol.
PÊCHEUR D'ISLANDE, format in-8° jésus, nombreuses compositions de E. Rudaux	1 —

ÉVREUX, IMPRIMERIE DE CHARLES HÉRISSEY

PIERRE LOTI
DE L'ACADÉMIE FRANÇAISE

MON FRÈRE YVES

CINQUANTE-HUITIÈME ÉDITION

PARIS
CALMANN LÉVY, ÉDITEUR
ANCIENNE MAISON MICHEL LÉVY FRÈRES
3, RUE AUBER, 3

1893

Droits de reproduction et de traduction réservés pour tous les pays y compris la Suède et la Norvège.

A ALPHONSE DAUDET

Voici une petite histoire que je veux vous dédier, acceptez-la, avec mon affection.

On a dit qu'il y avait toujours dans mes livres trop d'amour troublant. Eh bien, cette fois, il n'y aura qu'un peu d'amour honnête, et seulement vers la fin.

C'est vous qui m'avez donné cette idée, d'écrire une vie de matelot et d'*y mettre la grande monotonie de la mer.*

Ce livre va peut-être me faire des ennemis, bien que j'aie touché le plus légèrement possible aux règlements maritimes. Mais vous, qui aimez toutes les choses de la mer, même le vent, la brume et les grosses lames, — même les matelots simples et braves, — vous comprendrez certainement *Mon frère Yves.* — Et cela me dédommagera.

PIERRE LOTI

MON FRÈRE YVES

I

Le *livret de marin* de mon frère Yves ressemble à tous les autres livrets de tous les autres marins.

Il est recouvert d'un papier parchemin de couleur jaune, et, comme il a beaucoup voyagé sur la mer, dans différents caissons de navire, il manque absolument de fraîcheur.

En grosses lettres il y a sur la couverture :

KERMADEC, 2091. P.

Kermadec, c'est son nom de famille ; 2091, son numéro dans l'armée de mer, et P, la lettre initiale de Paimpol, son port d'inscription.

En ouvrant, on trouve, à la première page, les indications suivantes :

« Kermadec (Yves-Marie), fils d'Yves-Marie et de Jeanne Danveoch. Né le 28 août 1851, à Saint-Pol-de-Léon (Finistère). Taille, 1^m,80. Cheveux châtains, sourcils châtains, yeux châtains, nez moyen, menton ordinaire, front ordinaire, visage ovale.

» Marques particulières : tatoué au sein gauche d'une ancre et, au poignet droit, d'un bracelet avec un poisson »

Ces tatouages étaient encore de mode, il y a une dizaine d'années, pour les vrais marins. Exécutés à bord de la *Flore* par la main d'un ami désœuvré, ils sont devenus un objet de mortification pour Yves, qui s'est plus d'une fois martyrisé dans l'espoir de les faire disparaître. — L'idée qu'il est *marqué* d'une manière indélébile et qu'on le reconnaîtra toujours et partout à ces petits dessins bleus lui est absolument insupportable.

En tournant la page, on trouve une série de feuillets imprimés relatant, dans un style net et concis, tous les manquements auxquels les matelots sont sujets, avec, en regard, le tarif des peines encourues, — depuis les désordres légers qui se payent par quelques nuits à la barre de fer jusqu'aux grandes rébellions qu'on punit par la mort.

Malheureusement cette lecture quotidienne n'a jamais suffi à inspirer les terreurs salutaires qu'il faudrait, ni aux marins en général, ni à mon pauvre Yves en particulier.

Viennent ensuite plusieurs pages manuscrites portant des noms de navire, avec des cachets bleus, des chiffres et des dates. Les fourriers, gens de goût, ont orné cette partie d'élégants parafes. C'est là que sont marquées ses campagnes et détaillés les salaires qu'il a reçus.

Premières années, où il gagnait par mois quinze francs, dont il gardait dix pour sa mère ; années passées la poitrine au vent, à vivre demi-nu en haut de ces grandes tiges oscillantes qui sont des mâts de navire, à errer sans souci de rien au monde sur le désert changeant de la mer ; années plus troublées où l'amour naissait, prenait forme dans l'âme vierge et inculte, — puis se traduisait en ivresses brutales ou en rêves naïvement purs au hasard des lieux où le vent le poussait, au hasard des femmes jetées entre ses bras ; éveils terribles du cœur et des sens, grandes révoltes, et puis retour à la vie ascétique du large, à la séquestration sur le couvent flottant; il y a tout cela sous-entendu derrière ces chiffres, ces noms et ces dates qui s'accumulent, année par année, sur un pauvre livret de marin. Tout un étrange grand poëme d'aventures et de misères tient là entre les feuillets jaunis.

II

Le 28 août 1851, il faisait, paraît-il, un beau temps d'été à Saint-Pol-de-Léon, dans le Finistère.

Le soleil pâle de la Bretagne souriait et faisait fête à ce petit nouveau venu, qui devait plus tard tant aimer le soleil et tant aimer la Bretagne.

Yves apparut dans ce monde sous la forme d'un gros bébé tout rond et tout bronzé. Les bonnes femmes présentes à son arrivée lui donnèrent le surnom de *Bugel-Du*, qui, en français, signifie : petit enfant noir. C'était, du reste, de famille, cette couleur de bronze, les Kermadec, de père en fils, ayant été marins au long cours et gens fortement passés au hâle de mer.

Un beau jour d'été à Saint-Pol-de-Léon, c'est-à-dire une chose rare dans cette région de brumes : une espèce de rayonnement mélancolique répandu sur tout ; la vieille ville du moyen âge comme réveillée de son morne sommeil dans le brouillard, et rajeunie ; le vieux granit se chauffant au soleil ; le clocher de Creizker, le géant des clochers bretons, baignant dans le ciel bleu, en pleine lumière, ses fines découpures grises marbrées de lichens jaunes. Et tout alentour la lande sauvage, aux bruyères roses, aux ajoncs couleur d'or, exhalant une senteur douce de genêts fleuris.

. Au baptême, il y avait une jeune fille, la marraine : un matelot, le parrain, et, derrière, les deux petits frères, Goulven et Gildas, donnant la main aux deux petites sœurs, Yvonne et Marie, avec des bouquets.

Lorsque le cortège fit son entrée dans l'antique église des évêques de Léon, le bedeau, pendu à la corde d'une cloche, se tenait prêt à commencer le carillon joyeux que commandait la circonstance. Mais M. le curé, survenant, lui dit d'une voix rude :

— Reste en paix, Marie Bervrac'h, pour l'amour de Dieu ! Ces Kermadec sont des gens qui jamais ne donnent rien à l'offrande, et le père dépense au cabaret tout son avoir. Nous ne sonnerons pas, s'il te plaît, pour ce monde-là.

Et voilà comment mon frère Yves fit sur cette terre une entrée de pauvre.

Jeanne Danveoch, de son lit, prêtait l'oreille avec inquiétude, guettait avec un mauvais pressentiment ces vibrations de bronze qui tardaient à commencer. Elle écouta longtemps, n'entendit rien, comprit cet affront public et pleura.

Ses yeux étaient tout baignés de larmes quand le cortège rentra, penaud, au logis.

Toute la vie, cette humiliation resta sur le cœur d'Yves; il ne sut jamais pardonner ce mauvais accueil fait à son entrée dans ce monde, ni ces larmes cruelles versées par sa mère; il en garda au clergé romain une rancune inoubliable et ferma à notre mère l'Église son cœur breton.

III

C'était vingt-quatre ans plus tard, un soir de décembre, à Brest.

La pluie tombait fine, froide, pénétrante, continue ; elle ruisselait sur les murs, rendant plus noirs les hauts toits d'ardoise, les hautes maisons de granit ; elle arrosait comme à plaisir cette foule bruyante du dimanche qui grouillait tout de même, mouillée et crottée, dans les rues étroites, sous un triste crépuscule gris.

Cette foule du dimanche, c'étaient des matelots ivres qui chantaient, des soldats qui trébuchaient en faisant avec leur sabre un bruit d'acier, des gens du peuple allant de travers, — ouvriers de grande ville à la mine tirée et misérable, des femmes en petit châle de mérinos et en coiffe pointue de mousseline, qui marchaient le regard allumé, les pommettes rouges, avec une odeur d'eau-de-vie ; — des vieux et des vieilles à l'ivresse sale, qui étaient tombés et qu'on avait ramassés, et qui s'en allaient devant eux le dos plein de boue.

La pluie tombait, tombait, mouillant tout, les chapeaux à boucle d'argent des Bretons, les bonnets sur l'oreille des matelots, les shakos galonnés et les coiffes blanches, et les parapluies.

L'air avait quelque chose de tellement terne, de tellement éteint, qu'on ne pouvait se figurer qu'il y eût quelque part un soleil ; on en avait perdu la notion. On se sentait emprisonné sous des couches et des épaisseurs de grosses nuées humides qui vous inondaient ; il ne semblait pas qu'elles pussent jamais s'ouvrir et que derrière il y eût un ciel. On respirait de l'eau. On avait perdu conscience de l'heure, ne sachant plus si c'était l'obscurité de toute cette pluie ou si c'était la vraie nuit d'hiver qui descendait.

Les matelots apportaient dans ces rues une certaine note étonnante de gaîté et de jeunesse, avec leurs figures et leurs chansons, avec leurs grands cols clairs et leurs pompons rouges tranchant sur le bleu marine de leur habillement. Ils allaient et venaient d'un cabaret à l'autre, poussant le monde, disant des choses qui n'avaient pas de sens et qui les faisaient rire. Ou bien ils s'arrêtaient sous les gouttières, aux étalages de toutes les boutiques où l'on vendait des choses à leur usage : des mouchoirs rouges au milieu desquels étaient imprimés de beaux navires qui s'appelaient *la Bretagne*, *la Triomphante*, ou *la Dévastation ;* des rubans pour leur bonnet avec de belles inscriptions d'or ; de petits ouvrages en corde très compliqués destinés à fermer sûrement ces sacs de toile qu'ils ont à bord pour serrer leur trousseau ; d'élégants *amarrages* en ficelle tressée pour suspendre au cou des gabiers leur grand couteau ; des sifflets en argent pour les quartiers-maîtres, et enfin des ceintures rouges, des petits peignes et des petits miroirs.

De temps en temps, il y avait de grandes rafales qui faisaient envoler les bonnets et tituber les passants ivres, et alors la pluie tombait plus drue, plus torrentielle, et fouettait comme grêle.

La foule des matelots augmentait toujours ; on les voyait surgir par bandes à l'entrée de la rue de Siam ; ils remontaient du port et de la ville basse par les grands escaliers de granit et se répandaient en chantant dans les rues.

Ceux qui venaient de la rade étaient plus mouillés que les autres, plus ruisselants de pluie et d'eau de mer. Leurs canots voilés, en s'inclinant sous les *risées* froides, en sautant au milieu des lames pleines d'écume, les avaient amenés grand train dans le port. Et ils grimpaient joyeusement ces escaliers qui menaient à la ville, en se secouant comme des chats qu'on vient d'arroser.

1.

Le vent s'engouffrait dans les longues rues grises, et la nuit s'annonçait mauvaise.

En rade, — à bord d'un navire arrivé le matin même de l'Amérique du Sud, — à quatre heures sonnantes, un quartier-maître avait donné un coup de sifflet prolongé, suivi de trilles savants qui signifiaient en langage de marine : « Armez la chaloupe! » Alors on avait entendu un murmure de joie dans ce navire, où les matelots étaient parqués, à cause de la pluie, dans l'obscurité du faux pont. C'est qu'on avait eu peur un moment que la mer ne fût trop mauvaise pour communiquer avec Brest, et on attendait avec anxiété ce coup de sifflet qui décidait la question. Après trois ans de campagne, c'était la première fois qu'on allait remettre les pieds sur la terre de France, et l'impatience était grande.

Quand les hommes désignés, vêtus de petits costumes en toile cirée jaune-paille, furent tous embarqués dans la chaloupe et rangés à leur banc d'une manière correcte et symétrique, le même quartier-maître siffla de nouveau et dit : « Les permissionnaires à l'appel! »

Le vent et la mer faisaient grand bruit; les

lointains de la rade étaient noyés dans un brouillard blanchâtre fait d'embruns et de pluie.

Les matelots permissionnaires montaient en courant, sortaient des panneaux et venaient s'aligner, à mesure qu'on appelait leur numéro et leur nom, la figure illuminée par cette grande joie de revoir Brest. Ils avaient mis leurs beaux habits du dimanche ; ils achevaient, sous l'ondée torrentielle, des derniers détails de toilette, s'ajustant les uns les autres avec des airs de coquetterie.

Quand on appela : « 218 : Kermadec ! » on vit paraître Yves, un grand garçon de vingt-quatre ans, à l'air grave, portant bien son tricot rayé et son large col bleu.

Grand, maigre de la maigreur des antiques, avec les bras musculeux, le col et la carrure d'un athlète, l'ensemble du personnage donnant le sentiment de la force tranquille et légèrement dédaigneuse. Le visage incolore, sous une couche uniforme de hâle brun, je ne sais quoi de breton qui ne se peut définir, avec un teint d'Arabe. La parole brève et l'accent du Finistère ; la voix basse, vibrant d'une manière particulière, comme ces instruments aux sons très puissants, mais qu'on touche à peine de peur de faire trop de bruit.

Les yeux gris roux, un peu rapprochés et très renfoncés sous l'arcade sourcilière, avec une expression impassible de regard en dedans ; le nez très fin et régulier ; la lèvre inférieure s'avançant un peu, comme par mépris.

Figure immobile, marmoréenne, excepté dans les moments rares où paraît le sourire : alors tout se transforme et on voit qu'Yves est très jeune. Le sourire de ceux qui ont souffert : il a une douceur d'enfant et illumine les traits durcis, un peu comme ces rayons de soleil, qui, par hasard, passent sur les falaises bretonnes.

Quand Yves parut, les autres marins qui étaient là le regardèrent tous avec de bons sourires et une nuance inusitée de respect.

C'est qu'il portait pour la première fois, sur sa manche, le double galon rouge des quartiers-maîtres qu'on venait de lui donner. Et, à bord, c'est quelqu'un, un quartier-maître de manœuvre ; ces pauvres galons de laine, qui, dans l'armée, arrivent si vite au premier venu, dans la marine représentent des années de misères ; ils représentent la force et la vie des jeunes hommes, dépensées à toute heure du jour et de la nuit là-haut, dans la mâture, ce domaine des gabiers que secouent tous les vents du ciel.

Le maître d'équipage, s'étant approché, tendit la main à Yves. Jadis il avait été, lui aussi, un gabier dur à la peine. il s'y connaissait en hommes courageux et forts.

— Eh bien, Kermadec, dit-il; on va les *arroser*, ces galons?

— Mais oui, maître..., répondit Yves à voix basse, en gardant un air grave et très rêveur.

Ce n'était pas de l'eau du ciel que voulait parler ce vieux maître; car, sous ce rapport-là, l'arrosage était assuré. Non, en marine, arroser des galons signifie se griser pour leur faire honneur le premier jour où on les porte.

Yves restait pensif devant la nécessité de cette cérémonie, parce qu'il venait de me faire, à moi, un grand serment d'être sage et qu'il avait envie de le tenir.

Et puis il en avait assez, à la fin, de ces scènes du cabaret déjà répétées dans tous les pays du monde. Traîner ses nuits dans tous les bouges, à la tête des plus indomptés et des plus ivres, et se faire ramasser le matin dans les ruisseaux, on se lasse à la longue de ces plaisirs, si bon matelot qu'on soit. D'ailleurs, les lendemains sont pénibles et se ressemblent tous, Yves savait cela et n'en voulait plus.

Il était bien noir, ce temps de décembre pour un jour de retour. On avait beau être insouciant et jeune, ce temps jetait sur la joie de revenir une sorte de nuit sinistre. Yves éprouvait cette impression, qui lui causait malgré lui un étonnement triste ; car tout cela, en somme, c'était sa Bretagne ; il la sentait dans l'air et la reconnaissait rien qu'à cette obscurité de rêve.

La chaloupe partit, les emportant tous vers la terre. Elle s'en allait toute penchée sous le vent d'ouest ; elle bondissait sur les lames avec un son creux de tambour, et, à chaque saut qu'elle faisait, une masse d'eau de mer venait se plaquer sur eux, comme lancée par des mains furieuses.

Ils filaient très vite dans une espèce de nuage d'eau dont les grosses gouttes salées leur fouettaient la figure. Ils se tenaient tête baissée sous ce déluge, serrés les uns contre les autres, comme font les moutons sous l'orage.

Ils ne disaient plus rien, tout concentrés qu'ils étaient dans une attente de plaisir. Il y avait là des jeunes hommes qui, depuis un an, n'avaient pas mis les pieds sur la terre; leurs poches à tous étaient garnies d'or, et des convoitises terribles bouillonnaient dans leur sang.

Yves, lui aussi, songeait un peu à ces femmes qui les attendaient dans Brest, et parmi lesquelles tout à l'heure on pourrait choisir. Mais c'est égal, lui seul était triste. Jamais tant de pensées à la fois n'avaient troublé sa tête de pauvre abandonné.

Il avait bien eu de ces mélancolies quelquefois, pendant le silence des nuits de la mer; mais alors le retour lui apparaissait de là-bas sous des couleurs toutes dorées. Et c'était aujourd'hui, ce retour, et au contraire son cœur se serrait maintenant plus que jamais. Alors il ne comprenait pas, ayant l'habitude, comme les simples et les enfants, de subir ses impressions sans en démêler le sens.

La tête tournée contre le vent, sans souci de l'eau qui ruisselait sur son col bleu, il était resté debout, soutenu par le groupe des marins qui se pressait contre lui.

Toutes ces côtes de Brest qui se dessinaient en

contours vagues à travers les voiles de la pluie, lui renvoyaient des souvenirs de ses années de mousse, passées là sur cette grande rade brumeuse, à regretter sa mère... Ce passé était rude, et, pour la première fois de sa vie, il songeait à ce que pourrait bien être l'avenir.

Sa mère !... C'était pourtant vrai que, depuis tantôt deux ans, il ne lui avait pas écrit. Mais les matelots font ainsi, et, malgré tout, ils les aiment bien, leurs mères ! C'est la coutume : on disparaît pendant des années, et puis, un bienheureux jour, on revient au village sans prévenir, avec des galons sur sa manche, rapportant beaucoup d'argent gagné à la peine, ramenant la joie et l'aisance au pauvre logis abandonné.

Ils filaient toujours sous la pluie glacée, sautant sur les lames grises, poursuivis par des sifflements de vent et de grands bruits d'eau.

Yves songeait à beaucoup de choses, et ses yeux fixes ne regardaient plus. L'image de sa mère avait pris tout à coup une douceur infinie ; il sentait qu'elle était là tout près, dans un petit village du pays breton, sous ce même crépuscule d'hiver qui l'enveloppait, lui ; encore deux ou trois jours, et, avec une grande joie, il irait la surprendre et l'embrasser.

Les secousses de la mer, la vitesse et le vent, rendaient incohérentes ses pensées qui changeaient. Maintenant il s'inquiétait de retrouver son pays sous un jour si sombre. Là-bas, il s'était habitué à cette chaleur et à cette limpidité bleue des tropiques, et, ici, il semblait qu'il y eût un suaire jetant une nuit sinistre sur le monde.

Et puis aussi il se disait qu'il ne voulait plus boire, non pas que ce fût bien mal après tout, et, d'ailleurs, c'était la coutume pour les marins bretons ; mais il me l'avait promis d'abord, et ensuite, à vingt-quatre ans, on est un grand garçon revenu de beaucoup de plaisirs, et il semble qu'on sente le besoin de devenir un peu plus sage.

Alors il pensait aux airs étonnés qu'auraient les autres à bord, surtout Barrada, son grand ami, en le voyant rentrer demain matin, debout et marchant droit. A cette idée drôle, on voyait tout à coup passer sur sa figure mâle et grave un sourire d'enfant.

Ils étaient arrivés presque sous le château de Brest, et, à l'abri des énormes masses de granit, il se fit brusquement du calme. La chaloupe ne dansait plus ; elle allait tranquillement sous la pluie ; ses voiles étaient amenées, et les hommes habillés de toile cirée jaune la menaient à coups cadencés de leurs grands avirons.

Devant eux s'ouvrait cette baie profonde et noire qui est le port de guerre ; sur les quais, il y avait des alignements de canons et de choses maritimes à l'air formidable. On ne voyait partout que de hautes et interminables constructions de granit, toutes pareilles, surplombant l'eau noire et s'étageant les unes par-dessus les autres avec des rangées symétriques de petites portes et de petites fenêtres. Au-dessus encore, les premières maisons de Brest et de Recouvrance montraient leurs toits mouillés, d'où sortaient de petites fumées blanches ; elles criaient leur misère humide et froide, et le vent s'engouffrait partout avec un grand bruit triste.

La nuit tombait tout à fait et les petites flammes du gaz commençaient à piquer de brillants jaunes ces amoncellements de choses grises. Les matelots entendaient déjà les roulements des voitures et les bruits de la ville qui leur arrivaient d'en haut, par-dessus l'arsenal désert, avec les chants des ivrognes.

Yves, par prudence, avait confié à bord, à son ami Barrada, tout son argent, qu'il destinait à sa mère, gardant seulement dans sa poche cinquante francs pour sa nuit.

IV

— Et mon mari aussi, madame Quéméneur, quand il est soûl, tout le temps il dort.

— Vous faites votre petit tour aussi, madame Kervella?

— Et j'attends mon mari, moi aussi donc, qui est arrivé aujourd'hui sur le *Catinat*.

— Et le mien, madame Kerdoncuff, le jour qu'il était revenu de la Chine, il avait dormi pendant deux jours; et moi aussi donc, je m'étais soûlée, madame Kerdoncuff. Oh! comme j'ai eu honte aussi! Et ma fille aussi donc, elle était tombée dans les escaliers!

Avec l'accent chantant et cadencé de Brest, tout cela se croise sous les vieux parapluies retournés par le vent, entre des femmes en waterproof et en coiffe pointue de mousseline, qui attendent là-haut, à l'entrée des grands escaliers de granit.

Leurs maris sont revenus sur ce même bâtiment qui a ramené Yves, et elles sont là postées ; soutenues déjà par quelque peu d'eau-de-vie, elles font le guet, l'œil moitié égrillard, moitié attendri.

Ces vieux marins qu'elles attendent étaient jadis peut-être de braves gabiers durs à la peine ; et puis, gangrenés par les séjours dans Brest et l'ivrognerie, ils ont épousé ces créatures et sont tombés dans les bas-fonds sordides de la ville.

Derrière ces dames, il y a d'autres groupes encore, où la vue se repose : des jeunes femmes qui se tiennent dignes, vraies femmes de marins celles-ci, recueillies dans la joie de revoir leur fiancé ou leur mari, et regardant avec anxiété dans ce grand trou béant du port, par où les désirés vont venir. Il y a des mères, arrivées des villages, ayant mis leur beau costume breton des fêtes, la grande coiffe, et la robe de drap noir à broderies de soie ; la pluie les gâte pourtant, ces belles *hardes* qu'on ne renouvelle pas deux fois dans la vie ; mais il faut bien faire honneur à ce fils qu'on va embrasser tout à l'heure devant les autres.

— Voilà ceux du *Magicien* qui entrent dans le port, madame Kerdoncuff !

— Et voilà ceux du *Catinat* aussi donc ! ils se suivent tous les deux, madame Quéméneur !

En bas, les canots accostent, tout au fond, sur les quais noirs, et ceux qui sont attendus montent les premiers.

D'abord les maris de ces *dames*, place aux anciens, qui passent devant ! le goudron, le vent, le hâle, l'eau-de-vie, leur ont composé des minois chiffonnés de singes... Et on s'en va, bras dessus bras dessous, du côté de Recouvrance, dans quelque vieille rue sombre aux hautes maisons de granit ; tout à l'heure, on montera dans une chambre humide qui sent l'égout et le moisi du pauvre, où sur les meubles il y a des coquillages dans de la poussière et des bouteilles pêle-mêle avec des chinoiseries. Et, grâce à l'alcool acheté au cabaret d'en bas, on trouvera l'oubli de cette séparation cruelle avec un renouveau de ses vingt ans.

Puis viennent les autres, les jeunes hommes qu'attendent les fiancées, les femmes et les vieilles mères, et enfin, quatre à quatre, escaladant les marches de granit, toute la bande des grands enfants sauvages qu'Yves conduit à la fête de ses galons.

Celles qui les attendent, ceux-ci, sont dans la rue des Sept-Saints, déjà sorties sur leur porte et au guet : femmes aux cheveux à la chien peignés sur les sourcils, — à la voix avinée et au geste horrible.

Tout à l'heure, ce sera pour elles, leur sève, leurs ardeurs contenues, — et leur argent. — C'est qu'ils payent bien, les matelots, le jour du retour, et, en plus de ce qu'ils donnent, il y a surtout ce qu'on leur prend après, quand par bonheur ils sont ivres à point...

Ils regardaient devant eux indécis, comme effarés, grisés déjà rien que de se trouver à terre.

Où aller? par où commencer leurs plaisirs?... Ce vent, cette pluie froide d'hiver et cette tombée sinistre de la nuit, — pour ceux qui ont un logis, un foyer, tout cela ajoute à la joie qu'on a de rentrer. A eux, cela leur faisait bien sentir le besoin de se mettre à l'abri, d'aller se réchauffer quelque part ; mais ils étaient sans gîte, ces pauvres exilés qui revenaient...

D'abord ils errèrent, se tenant les uns les autres par le bras, riant à propos de tout, obliquant de droite ou de gauche, — ayant des allures de bêtes captives qu'on vient de lâcher.

Puis ils entrèrent *A la descente des navires*, chez madame Creachcadec.

A la descente des navires, c'était un bouge de la rue de Siam.

L'air chaud y sentait l'alcool. Il y avait un feu de charbon dans une corbeille, et Yves s'assit devant. Depuis deux ou trois ans, c'était la première fois qu'il se trouvait dans une chaise. — Et du feu ! — Comme il savourait ce bien-être tout à fait inusité, de se sécher devant un brasier rouge ! — A bord, jamais ; — même dans les grands froids du cap Horn ou de l'Islande; même dans les humidités pénétrantes, continues des hautes latitudes, jamais on ne se chauffe, jamais on ne se sèche. Pendant des jours, pendant des nuits, on reste mouillé, et on tâche de se donner du mouvement, en attendant le soleil.

C'était une vraie mère pour les matelots, cette madame Creachcadec ; tous ceux qui la connaissaient pouvaient bien le dire. Et puis elle leur comptait toujours au plus juste prix leurs dîners et leurs fêtes.

D'ailleurs, elle les reconnaissait tous. Ayant déjà de l'alcool dans sa tête grosse et rouge, elle essayait de répéter leurs noms, qu'elle les entendait se dire entre eux ; elle se souvenait bien de les avoir vus, du temps qu'ils étaient canotiers à bord de la *Bretagne*; — et même elle croyait se rappeler leur enfance de mousse, sur l'*Inflexible*. Mais comme ils étaient devenus grands et beaux garçons depuis cette époque ! — Vraiment il fallait son œil à elle, pour les reconnaître, ainsi changés...

Et, au fond du cabaret, le dîner cuisait, sur des fourneaux qui répandaient une assez bonne odeur de soupe.

Dans la rue, on entendit un grand vacarme. Une troupe de matelots arrivait, chantant, scandant à pleine voix, sur un air très gai, ces paroles d'église : *Kyrie Christe, Dominum nostrum ; Kyrie eleison...*

Ils entrèrent, chavirant les chaises, en même temps qu'une rafale du vent d'ouest couchait la flamme des lampes.

Kyrie Christe, Dominum nostrum... Les Bretons n'aimaient pas ce genre de chanson, venu sans doute des barrières de quelque grande ville. Pourtant cette discordance était drôle entre les mots et la musique, et cela les fit rire.

Du reste, c'était une bande débarquée de la *Gauloise*, et ils se reconnaissaient, ceux-ci et les autres; ils avaient été mousses ensemble. L'un d'eux vint embrasser Yves : c'était Kerboul, son voisin de hamac à bord de l'*Inflexible*. Lui aussi était devenu grand et fort; il était baleinier de l'amiral, et, comme il était assez sage, il portait depuis longtemps sur sa manche les galons rouges.

L'air manquait dans ce cabaret, et on y faisait grand tapage. Madame Creachcadec apporta le vin chaud tout fumant, premier service du dîner commandé, — et les têtes commencèrent à tourner.

Il y eut du bruit, cette nuit-là, dans Brest; les patrouilles eurent fort à faire.

Dans la rue des Sept-Saints et dans celle de Saint-Yves, on entendit jusqu'au matin des chants et des cris c'était comme si on y eût lâché des barbares, des bandes échappées de l'ancienne Gaule; il y avait des scènes de joie qui rappelaient les rudesses primitives.

Les matelots chantaient. Et les femmes, qui

guettaient leurs pièces d'or, — agitées, échevelées dans ce grand coup de feu des retours de navire, — mêlaient leurs voix aigres à ces voix profondes.

Les derniers arrivés de la mer, on les reconnaissait à leur teint plus bronzé, à leurs allures plus désinvoltes; et puis ils traînaient avec eux des objets exotiques ; il y en avait qui passaient avec des perruches mouillées, dans des cages; d'autres avec des singes.

Ils chantaient, les matelots, à tue-tête, avec une sorte d'accent naïf, des choses à faire frémir, — ou bien des airs du Midi, des chansons basques, — surtout, de tristes mélopées bretonnes qui semblaient de vieux airs de *biniou* légués par l'antiquité celtique.

Les simples, les bons, faisaient des chœurs en parties ; ils restaient groupés par village, et répétaient dans leur langue les longues complaintes du pays, retrouvant encore dans leur ivresse de belles voix sonores et jeunes. D'autres bégayaient comme de petits enfants et s'embrassaient ; inconscients de leur force, ils brisaient des portes ou assommaient des passants.

La nuit s'avançait ; les mauvais lieux seuls restaient ouverts, et, dans les rues, la pluie tombait toujours sur l'exubérance des gaîtés sauvages...

V

... Six heures du matin, le lendemain. Une masse noir ayant forme humaine dans un ruisseau, — au bord d'une espèce de rue déserte surplombée par des remparts. — Encore l'obscurité; encore la pluie, fine et froide; et toujours le bruit de ce vent d'hiver — qui avait *veillé*, comme on dit en marine, et passé la nuit à gémir.

C'était en bas, un peu au-dessous du pont de Brest, au pied des grands murs, à cet endroit où traînent d'habitude les marins sans gîte, ivres-morts, qui ont eu une intention vague de retourner vers leur navire et sont tombés en route.

Déjà une demi-lueur dans l'air ; quelque chose de terne, de blafard, un jour d'hiver se levant sur du granit. L'eau ruisselait sur cette forme humaine qui était à terre, et, tout à côté, tombait en cascade dans le trou d'un égout.

Il commençait à faire un peu plus clair; une sorte

de lumière se décidait à descendre le long de ces hautes murailles de granit. — La chose noire dans le ruisseau était bien un grand corps d'homme, un matelot, qui était couché les bras étendus en croix.

Un premier passant fit un bruit de sabots de bois sur les pavés durs, comme en titubant. Puis un autre, puis plusieurs. Ils suivaient tous la même direction dans une rue plus basse qui aboutissait à la grille du port de guerre.

Bientôt cela devint extraordinaire, ce tapotement de sabots; c'était un bruit fatigant, continu, martelant le silence comme une musique de cauchemar.

Des centaines et des centaines de sabots, piétinant avant jour, arrivant de partout, défilant dans cette rue basse ; une espèce de procession matineuse de mauvais aloi : — c'étaient les ouvriers qui rentraient dans l'arsenal, encore tout chancelants d'avoir tant bu la veille, la démarche mal assurée, et le regard abruti.

Il y avait aussi des femmes laides, hâves, mouillées, qui allaient de droite et de gauche comme cherchant quelqu'un ; dans le demi-jour, elles regardaient sous le nez les hommes à grand chapeau breton, — guettant là, pour voir si le mari, ou le fils, étaient enfin sortis des tavernes, s'il irait faire sa journée de travail.

L'homme couché dans le ruisseau fut aussi examiné par elles; deux ou trois se baissèrent pour mieux distinguer sa figure. Elles virent des traits jeunes, mais durcis, et comme figés dans une fixité cadavérique, des lèvres contractées, des dents serrées. Non, elles ne le connaissaient pas Et puis ce n'était pas un ouvrier, celui-là ; il portait le grand col bleu des matelots.

Cependant l'une, qui avait un fils marin, essaya, par bonté d'âme de le retirer de l'eau. Il était trop lourd.

— Quel grand cadavre ! dit-elle en lui laissant retomber les bras.

Ce corps sur lequel étaient tombées toutes les pluies de la nuit, c'était Yves.

Un peu plus tard, quand le jour fut tout à fait levé, ses camarades qui passaient le reconnurent et l'emportèrent.

On le coucha tout trempé de l'eau du ruisseau, au fond de la grande chaloupe, mouillée des embruns de la mer, et bientôt on se mit en route à la voile.

2.

La mer était mauvaise ; le vent debout. Ils louvoyèrent longtemps et ils eurent du mal pour atteindre leur navire.

VI

... Yves s'éveilla lentement vers le soir ; c'étaient d'abord des sensations de douleur, qui revenaient une à une, comme après une espèce de mort. Il avait froid, froid jusqu'au cœur de ses membres.

Surtout il était engourdi et meurtri, — étendu depuis des heures sur une couche dure : alors il essaya un premier effort, à peine conscient, pour se retourner. Mais son pied gauche, qui lui fit tout à coup grand mal, était pris dans une chose rigide contre laquelle on sentait bien qu'il n'y avait pas de lutte possible. — Ah ! oui, il reconnaissait cette sensation, il comprenait maintenant : les fers !...

Il connaissait bien déjà ce lendemain inévitable des grandes nuits de plaisir : être rivé à la *barre* par une boucle, pour des jours entiers ! Et ce lieu où il devait être, il le devinait sans prendre la peine d'ouvrir les yeux, ce recoin étroit comme une armoire, et sombre, et humide, avec une odeur de renfermé et un peu de jour pâle tombant d'en haut par un trou : la cale du *Magicien !*

Seulement il confondait ce lendemain de fête avec d'autres qui s'étaient passés ailleurs, — là-bas, bien loin, en Amérique ou dans les ports de la Chine... Était-ce pour avoir battu les alguazils de Buenos-Ayres ? ou bien était-ce la mêlée sanglante de Rosario qui l'avait mené là ? ou encore l'affaire avec les matelots russes à Hong-Kong ?... Il ne savait plus bien, à quelques milliers de lieues près, n'ayant pas la notion du pays où il se trouvait.

Tous les vents et toutes les lames de la mer avaient bien pu promener le *Magicien* par tous les pays du monde ; elles l'avaient secoué, roulé, meurtri au dehors, mais sans parvenir à défaire l'arrangement de toutes ces choses qui étaient dans cette cale, de toutes ces bobines de cordes sur des étagères, — sans déplacer cet habit de plongeur qui devait être là pendu derrière lui, avec ses gros yeux et son visage de morse ; ni changer cette odeur de rat, de moisissure et de goudron.

Il sentait toujours ce froid, si profond, que c'était comme une douleur jusque dans ses os ; alors il comprit que ses vêtements étaient mouillés et son corps aussi. Toute cette pluie de la veille, ce vent, ce ciel sombre, lui revinrent vaguement à la mémoire... On n'était donc plus là-bas dans les pays bleus de l'Equateur !... Non, il se rappelait maintenant : c'était la France, la Bretagne, c'était le retour tant rêvé.

Mais qu'avait-il fait pour être déjà aux fers, à peine arrivé dans son pays ? Il cherchait et ne trouvait pas. Puis un souvenir lui revint tout à coup, comme d'un rêve : pendant qu'on le hissait à bord, il s'était un peu réveillé, disant qu'il monterait bien tout seul, et il avait justement vu devant lui, par fatalité, certain vieux maître qu'il avait en aversion. Il lui avait dit aussitôt de très vilaines injures ; après, il y avait eu bousculade, et puis il ne savait plus le reste, étant à ce moment-là retombé inerte et sans connaissance.

Mais alors... la permission qu'on lui avait promise pour aller dans son village de Plouherzel, on ne la lui donnerait pas !... Toutes ces choses attendues, désirées pendant trois ans de misère, étaient perdues ! Il songea à sa mère et sentit un grand coup dans le cœur ; ses yeux s'ouvrirent effarés, regardant en dedans, dilatés dans une fixité étrange par un tumulte de choses intérieures. Et, avec l'espoir que ce n'était qu'un mauvais rêve, il essaya de secouer dans l'anneau de fer son pied meurtri.

Alors un éclat de rire sonore, profond, partit comme une fusée dans la cale noire : un homme, vêtu d'un tricot rayé collant sur le torse, était debout devant Yves, et le regardait ; dans son rire, il renversait en arrière une tête admirable et montrait ses dents blanches avec une expression féline.

— Alors, tu te réveilles ? interrogea l'homme de sa voix mordante, qui vibrait avec l'accent bordelais.

Yves reconnut son ami Jean Barrada, le canonnier, et levant les yeux vers lui, il lui demanda *si je le savais*.

— Té ! dit Barrada avec sa gouaillerie de Gascon, s'il le sait ! Il est descendu trois fois et même il a mené le docteur ici pour te voir ; tu étais raide, tu leur as fait peur. Et je suis de faction ici, moi, pour le prévenir si tu bouges.

— Et pourquoi faire ? Je n'ai pas besoin qu'il revienne, ni lui, ni personne. — N'y va pas, Barrada, entends-tu bien, je te le défends !

... Ainsi c'était fait ; il était retombé encore, et toujours dans son même vice. Et, toutes les rares fois qu'il touchait la terre, cela finissait ainsi, et il n'y pouvait rien ! C'était donc vrai, ce qu'on lui avait dit, que cette habitude était terrible et mortelle, et qu'on était bien perdu quand une fois on l'avait prise. De rage contre lui-même, il tordit ses bras musculeux qui craquèrent ; il se souleva à demi, serrant ses dents, qu'on entendit crisser, et puis retomba, la tête sur les planches dures. Oh ! sa pauvre mère, elle était là tout près et il ne la verrait pas, depuis trois ans qu'il en avait envie !... c'était ça, son retour en France ! Quelle misère et quelle angoisse !

— Au moins tu devrais te changer, dit Barrada. Rester tout mouillé comme tu es, ça n'est pas sain, et tu attraperas du mal.

— Tant mieux alors, Barrada !... A présent, laisse-moi.

Il parlait d'un ton dur, le regard sombre et

méchant ; et Barrada, qui le connaissait bien, comprit qu'en effet il fallait le laisser.

Yves détourna la tête et se cacha d'abord le visage sous ses deux bras relevés ; puis, craignant que Barrada ne s'imaginât qu'il pleurait, par fierté il changea sa pose et regarda devant lui. Ses yeux, dans leur atonie fatiguée, gardaient une fixité farouche, et sa lèvre, plus avancée que de coutume, exprimait ce défi de sauvage qu'en lui-même il jetait à tout. Dans sa tête il formait de mauvais projets ; des idées conçues déjà autrefois, à des heures de rébellion et de ténèbres, lui étaient revenues.

Oui, il s'en irait, comme son frère Goulven, comme ses frères ; cette fois, c'était bien décidé et bien fini. La vie de ces forbans qu'il avait rencontrés sur les baleiniers d'Océanie, ou dans les lieux de plaisir des villes de la Plata, cette vie aux hasards de la mer sans loi et sans frein, depuis longtemps l'attirait : c'était dans son sang d'ailleurs, c'était de famille.

Déserter pour aller naviguer au commerce à l'étranger, ou faire la grande pêche, c'est toujours le rêve qui obsède les matelots, et les meilleurs surtout, dans leurs moments de révolte

Il y a de beaux jours en Amérique pour les déserteurs! Lui ne réussirait pas, il se le disait bien ; il était trop voué à la peine et au malheur; mais, si c'est la misère, au moins là-bas, on est affranchi de tout !

Sa mère !... Eh bien, en se sauvant, il passerait par Plouherzel, la nuit, pour l'embrasser. Toujours comme son frère Goulven, qui avait fait cela, lui, jadis; il s'en souvenait, de l'avoir vu arriver une nuit, avec l'air de se cacher ; on avait tenu tout fermé pendant la journée d'adieu qu'il avait passée à la maison. Leur pauvre mère avait beaucoup pleuré, il est vrai. Mais qu'y faire ? c'est fatal, cela !... Et ce frère Goulven, comme il avait l'air décidé et fier !

A part sa mère, Yves avait à ce moment tout le reste en haine. Il songeait à ces années de sa vie déjà dépensées au service, dans la séquestration des navires de guerre, sous le fouet de la discipline ; il se demandait au profit de qui et pourquoi. Son cœur débordait de désespoirs amers, d'envies de vengeance, de rage d'être libre... Et, comme j'étais cause, moi, qu'il s'était rengagé pour cinq ans à l'État, alors, il m'en voulait aussi et me confondait dans son ressentiment contre tous les autres.

Barrada l'avait quitté, et la nuit de décembre était venue. Par le panneau de la cale, on ne voyait plus descendre la lueur grise du jour ; ce n'était plus qu'une buée d'humidité qui tombait par là et qui était glacée.

Un homme de ronde était venu allumer un fanal, dans une cage grillée, et tous les objets de la cale s'étaient éclairés confusément. Yves entendit au-dessus de lui faire le branle-bas du soir, tous les hamacs qui s'accrochaient, et puis le premier cri des hommes de quart marquant les demi-heures de la nuit.

Au dehors, il ventait toujours, et, à mesure que le silence des hommes se faisait, on percevait plus fort les grandes voix inconscientes des choses. En haut, il y avait un mugissement continu dans la mâture ; on entendait aussi la mer au milieu de laquelle on était et qui, de temps en temps, secouait tout, comme par impatience. A chaque secousse, elle faisait rouler la tête d'Yves sur le bois humide, et lui avait mis ses mains dessous pour que cela lui fît moins de mal.

La mer, elle aussi, était cette nuit-là sombre et méchante ; tout le long des parois du navire, on l'entendait sauter et faire son bruit.

Sans doute, à cette heure, personne ne descendrait plus dans la cale. Yves était seul par terre rivé à sa boucle, l'anneau de fer au pied, et maintenant ses dents claquaient.

VII

Pourtant, une heure après, Jean Barrada reparut encore, ayant l'air d'être venu ranger un de ces palans dont on se sert pour les canons.

Et, cette fois, Yves l'appela tout bas :

— Barrada, tu devrais bien me donner un peu d'eau douce pour boire.

Barrada alla vite chercher sa petite moque, qu'il portait pendue à sa ceinture le jour et qu'il serrait la nuit dans un canon ; il y mit de l'eau, qui était couleur de rouille, ayant été rapportée de la Plata dans une caisse de fer, et un peu de vin volé à la cambuse et un peu de sucre volé à l'office du commandant.

Et puis il souleva la tête d'Yves, tout doucement avec bonté, et le fit boire.

— Et à présent, dit-il, veux-tu te changer ?

— Oui, répondit Yves d'une toute petite voix, devenue presque enfantine, et qui était drôle par contraste avec sa manière de tout à l'heure.

A deux, ils le déshabillèrent, lui se laissant câliner comme un enfant. On essuya bien sa poitrine, ses épaules et ses bras, on lui mit des vêtements secs et on le recoucha en plaçant sous sa tête un sac pour qu'il pût mieux dormir.

Quand il leur dit merci, un bon sourire, le premier, vint changer toute sa figure. C'était la fin ; son cœur était amolli et redevenu lui-même. Aujourd'hui, cela n'avait pas été bien long.

Il sentait un attendrissement infini en songeant à sa mère, et une envie de pleurer ; quelque chose comme une larme vint même dans ses yeux, qui étaient durs pourtant à cette faiblesse-là... Peut-être serait-on encore un peu indulgent pour lui à cause de sa bonne conduite à bord, de son courage à la peine et de son rude travail dans les mauvais temps. — Si c'était possible, — si on ne lui donnait pas une punition trop grave, il est certain qu'il ne recommencerait plus et se ferait tout pardonner.

C'était une grande résolution, cette fois. Quand il avait bu seulement un verre d'eau-de-vie, après les longues abstinences de la mer, tout de suite sa tête partait, et alors il en fallait d'autres, et d'autres encore. Mais, en ne commençant pas du tout et en ne buvant jamais rien, il aurait encore un moyen sûr de rester sage.

Son repentir avait la sincérité d'un repentir d'enfant, et il croyait beaucoup que, s'il pouvait échapper pour cette fois à ce *conseil* terrible qui mène les matelots en prison, ce serait sa dernière grande faute.

Il avait aussi espoir en moi, et puis, surtout, envie de me voir. Et il pria Barrada de monter me chercher.

VIII

Il y avait sept ans qu'Yves était mon ami quand il fit cette équipée de retour.

Nous étions entrés dans la marine par des portes différentes : lui, deux années avant moi, bien qu'il fût de quelques mois plus jeune.

Le jour où j'étais arrivé à Brest, en 1867, pour y prendre ce premier uniforme de marin en toile dure, que je vois encore, le hasard m'avait fait rencontrer Yves Kermadec chez un protecteur à lui, un vieux commandant qui avait connu son père. Yves était alors un enfant de seize ans. On me dit qu'il allait *passer novice* après deux années de mousse. Pour le moment, il revenait de son pays, à l'expiration d'une permission de huit jours qu'on lui avait donnée ; il semblait avoir le cœur très gros des adieux qu'il venait de faire pour longtemps à sa mère. Cela, et notre âge, qui était à peu près le même, c'était entre nous deux points communs.

Un peu plus tard, devenu midship, je retrouvai sur mon premier navire ce Kermadec, qui s'était fait homme et qui était gabier.

Alors je le choisis pour être mon *gabier de hamac*.

Pour un midship, le gabier de hamac, c'est le matelot chargé de lui accrocher tous les soirs son petit lit suspendu et de le lui décrocher tous les matins.

Avant d'emporter le hamac, il faut naturellement réveiller le dormeur qui est dedans et le prier de descendre ; cela se fait, en général, en lui disant :

— Il est branle-bas, capitaine.

On répète plusieurs fois cette phrase jusqu'à ce qu'elle ait produit son effet. Après, on roule soigneusement la petite couchette et on l'emporte.

Yves s'acquittait très bien de ce service. De plus, nous nous rencontrions journellement pour la manœuvre, là-haut, dans la grande hune.

Il y avait une solidarité dans ce temps-là entre les midships et les gabiers, surtout pendant les campagnes lointaines comme celles que nous faisions ; cela devenait entre nous très cordial. A terre, dans les milieux étranges où, quelquefois, nous rencontrions la nuit nos gabiers, il nous arrivait de les appeler à la rescousse quand il y avait péril ou mauvaise aventure ; et alors, ainsi réunis, on pouvait faire la loi.

Dans ces cas-là, Yves était notre allié le plus précieux.

Comme notes au service, les siennes n'étaient pas excellentes « Exemplaire à bord ; l'homme le plus capable et le plus marin ; mais sa conduite à terre n'est plus possible. » Ou bien : « A montré un courage et un dévouement admirables, » et puis : « Indiscipliné, indomptable » Ailleurs : « Zèle, honneur et fidélité, » avec : « Incorrigible » en regard, etc. Ses nuits de fer, ses jours de prison ne se comptaient plus.

Au moral comme au physique, grand, fort et beau, avec quelques irrégularités de détails.

A bord, il était le gabier infatigable, toujours à l'ouvrage, toujours vigilant, toujours leste, toujours propre.

A terre, le marin en bordée, tapageur, ivre, c'était toujours lui; le matelot qu'on ramassait le matin dans un ruisseau, à moitié nu, dépouillé de ses vêtements comme un mort, par les nègres quelquefois, ailleurs par les Indiens ou par les Chinois, c'était encore lui. Lui aussi, le matelot échappé, qui battait les gendarmes ou jouait du couteau avec les alguazils... Tous les genres de sottises lui étaient familiers.

D'abord je m'amusais des choses que faisait ce Kermadec. Quand il allait à terre avec sa bande, on se demandait au poste des midships : « Quelle nouvelle histoire apprendrons-nous demain matin?

dans quel état vont-ils revenir ? » Et moi je songeais : « Mon hamac ne sera pas fait d'au moins deux jours. »

Cela m'était égal pour mon hamac ; seulement ce Kermadec était si dévoué, il paraissait avoir un si brave cœur, que j'avais fini par m'attacher à cette espèce de forban généralement gris. Je ne riais plus tant de ses méfaits dangereux, et j'aurais préféré les empêcher.

Cette première campagne terminée, et nous séparés, il se trouva que le hasard nous réunit encore sur un autre navire. Oh ! alors, cela devint presque de l'affection.

Et puis il y eut, à ce second voyage, deux circonstances qui nous rapprochèrent beaucoup.

La première fois, c'était à Montevideo, un matin, avant le jour. Yves était à terre depuis la veille, et moi j'arrivais au quai, dans un grand canot armé de seize hommes, avec mission de faire provision d'eau douce.

Je me rappelle cette demi-lueur fraîche du matin, ce ciel déjà lumineux et encore étoilé, ce quai désert que nous longions, en ramant doucement, cherchant l'aiguade, cette grande ville, qui avait un faux air d'Europe, avec je ne sais quoi d'encore sauvage.

En passant, nous voyions ces longues rues droites, immenses, s'ouvrir l'une après l'autre sur ce ciel qui blanchissait. A cette heure indécise où la nuit allait finir, plus une lumière, plus un bruit; de loin en loin, quelque rôdeur sans gîte, à l'allure hésitante; le long de la mer, des tavernes dangereuses, grandes bâtisses en planches, sentant les épices et l'alcool, mais fermées et noires comme des tombeaux.

Nous nous arrêtâmes devant une qui s'appelait la taverne de *la Independancia.*

Une chanson espagnole venant de l'intérieur, comme étouffée; une porte entre-bâillée sur la rue; deux hommes dehors, se donnant des coups de couteau; une femme ivre, qu'on entendait vomir le long du mur. Sur le quai, des monceaux de peaux de bœufs des pampas fraîchement écorchés, infectant l'air pur et délicieux d'une odeur de venaison...

Un convoi singulier sortit de cette taverne : quatre hommes en emportant un autre, qui devait être très ivre, sans connaissance. Ils se hâtaient vers les navires, comme ayant peur de nous.

Nous connaissions ce jeu, qui est en usage dans les mauvais lieux de cette côte ; enivrer les marins, leur faire signer quelque engagement insensé, et puis les embarquer de force quand ils ne tiennent plus debout. Ensuite on appareille, bien vite, et, quand l'homme revient à lui le navire est loin ; alors il est pris, sous un joug de fer, on l'emmène, comme un esclave, pêcher la baleine, loin de toute terre habitée. Une fois là, d'ailleurs, plus de danger qu'il s'échappe, car il est *déserteur* à son pays, perdu...

Donc, ce convoi qui passait nous semblait suspect. Ils se pressaient comme des voleurs, et je dis aux matelots : « Courons-leur dessus ! »

Eux, alors, de lâcher leur fardeau, qui tomba lourdement par terre et puis de s'enfuir à toutes jambes.

Le fardeau, c'était Kermadec. Du temps que nous étions occupés à le ramasser, à le reconnaître, nous avions laissé échapper les autres, qui s'étaient enfermés dans la taverne. Les matelots voulaient enfoncer les portes, la prendre d'assaut, mais il en serait résulté des complications diplomatiques avec l'Uruguay.

D'ailleurs Yves était sauvé, et c'était l'essentiel. Je le rapportai à bord, couché dans un manteau, sur les outres qui contenaient notre provision d'eau douce.

Cela m'attacha beaucoup à lui de lui avoir rendu service.

La seconde fois, c'était à Pernambuco. J'avais perdu sur parole, dans une maison de jeu, avec des Portugais. Le lendemain, il fallait donner cet argent, et, comme il ne m'en restait pas, ni aux amis du poste non plus, cela devenait difficile.

Yves avait pris cette situation très au tragique, et vite, il était venu m'offrir son argent à lui, qui était déposé sous ma garde dans un tiroir de mon secrétaire.

— Ça me ferait tant de plaisir, capitaine, si vous vouliez le prendre! D'abord je n'ai plus besoin d'aller à terre, moi, et même ça me rendrait service, vous le savez bien, de ne plus pouvoir y retourner.

— Eh bien, oui, mon brave Yves, je l'accepterais pour quelques jours, ton argent, puisque tu veux me le prêter; mais c'est que, vois-tu, il me manquerait encore cent francs. Alors, tu comprends, ça ne vaut pas la peine.

— Encore cent francs? Je crois que je les ai en bas dans mon sac.

Et il s'en alla, me laissant très étonné. Dans son sac encore cent francs, cela n'était pas vraisemblable.

Il fut très longtemps à revenir. Il ne trouvait pas, j'avais prévu cela.

Enfin il reparut :

— Voilà, dit-il en me tendant son pauvre porte-monnaie de matelot avec une bonne figure heureuse.

Alors une frayeur me vint, et je lui dis pour voir :

— Yves, prête-moi aussi ta montre, je te prie; j'ai laissé la mienne en gage.

Il se troubla beaucoup, racontant qu'elle était cassée. J'avais deviné juste : pour avoir ces cent francs, il venait de la vendre avec la chaîne, moitié de son prix, à un quartier-maître du bord.

Aussi Yves savait-il qu'il pouvait en appeler à moi en toute circonstance. Et, quand Barrada vint me chercher de sa part, je descendis le trouver dans la cale, aux fers.

Mais il s'était mis cette fois dans un cas bien grave en bousculant ce vieux maître, et j'eus beau intercéder pour lui, la punition fut dure. Quatre mois après, il lui fallut repartir sans avoir vu sa mère.

Au moment de m'embarquer avec lui sur la *Sibylle* pour un tour du monde en trois cents jours, je l'emmenai un dimanche à Saint-Pol-de-Léon, afin de le consoler.

C'était tout ce que je pouvais pour lui, car son Plouherzel était bien loin de Brest, dans les Côtes-du-Nord, au fond d'un pays perdu, et on n'avait encore construit par là aucun chemin de fer capable, en une journée, de nous y conduire.

IX

5 mai 1875.

Il y avait des années qu'Yves rêvait de revoir ce Saint-Pol-de-Léon, le pays de sa naissance.

Du temps que nous naviguions ensemble sur la *mer brumeuse*, souvent en passant au large, balancés par la houle grise, nous avions vu le clocher légendaire de Creizker se dresser dans les lointains noirs, au-dessus de cette bande triste et monotone qui représentait là-bas la terre de Bretagne, le *pays de Léon*.

Et les nuits de quart, nous chantions la chanson bretonne :

> Je suis natif du Finistère,
> A Saint-Pol j'ai reçu le jour.
> Mon clocher est l'plus beau de la 'erre
> Mon pays, l'plus beau d'alentour.
>
> . . . .
>
> Rendez-moi ma bruyère,
> Et mon clocher à jour.

Mais c'était comme une fatalité, comme un sort jeté sur nous : jamais nous n'avions pu réussir à y aller, à ce Saint-Pol. Au dernier moment, quand nous nous mettions en route, toujours des empêchements nouveaux ; notre navire recevait des ordres inattendus et il fallait repartir. Et nous avions fini par attacher je ne sais quelle pensée superstitieuse à ce clocher de Creizker, entrevu seulement, et toujours de loin, en silhouette, au bout de l'horizon sombre.

Cette fois pourtant, cela semble assuré, nous y allons pour tout de bon.

Dans le coupé d'une vieille diligence de campagne, nous sommes assis tous deux à côté d'un curé breton. Les chevaux nous emportent assez bon train vers le pays de Saint-Pol, et tout cela a un air très réel.

C'est de bon matin, aux premiers jours de mai ; cependant la pluie tombe fine et grise comme une pluie d'hiver. Clopin-clopant, par la route tortueuse, montant les pentes raides, descendant dans les bas-fonds humides, nous roulons au milieu des bois et des rochers. Les hauteurs sont couvertes de sapins noirs. Dans les lieux bas, ce sont de grands chênes ou des hêtres, dont les feuilles toutes neuves, toutes mouillées, sont d'un vert tendre. Le long du chemin, il y a des tapis de marguerites et de fleurs bretonnes ; les premiers silènes roses et les premières digitales.

Au détour d'un rocher, la pluie cesse comme le vent et, du même coup, tout change d'aspect.

Nous découvrons à perte de vue un grand pays plat, une lande aride, nue comme un désert : le vieux pays de Léon, au fond duquel, tout là-bas, le Creizker dresse sa flèche de granit.

Il a du charme pourtant, ce pays triste, et Yves sourit en apercevant son clocher qui s'approche.

Les ajoncs sont en fleurs, et toute la plaine est d'une couleur d'or. Par places, il y a des zones roses, qui sont des bruyères. Un voile de vapeurs gris perle, d'une teinte très douce, d'une teinte septentrionale, couvre le ciel tout d'une pièce, et, dans la monotonie de ce pays jaune et rose, tout au bout de l'horizon profond, rien que ces points saillants : la silhouette de Saint-Pol et des trois clochers noirs.

Des petites filles bretonnes chassent devant elles des troupeaux de moutons dans les bruyères ; de jeunes gars les effarouchent en caracolant sur des chevaux nus ; des carrioles passent, chargées de femmes en coiffe blanche qui s'en vont entendre la messe à la ville. Les cloches sonnent, la route s'anime joyeusement, nous arrivons.

X

Quand nous eûmes déjeuné tous deux dans l'auberge la plus comme il faut, nous trouvâmes que la matinée d'hiver avait fait place à une belle journée de mai. Dans les petites rues solitaires, des branches de lilas, des grappes de glycines, des digitales roses que personne n'avait semées égayaient les murs gris ; il y avait du vrai soleil, et tout sentait le printemps.

Et Yves regardait partout, s'étonnant qu'aucun souvenir ne lui revînt de sa petite enfance, cherchant, cherchant très loin dans sa mémoire, ne reconnaissant rien, et alors, peu à peu, se trouvant désenchanté.

Sur la grand'place de Saint-Pol, la foule du dimanche était assemblée, et c'était comme un tableau du moyen âge. La cathédrale des anciens évêques de Léon dominait cette place, l'écrasait de sa masse aux dentelures noires, y jetant une grande ombre des temps passés. Autour, il y avait des maisons antiques à pignons et à tourelles ; tous les buveurs du dimanche, portant de travers leur feutre large, étaient attablés devant les portes. Cette foule en habits bretons, qui était là vivante et alerte, était encore pareille à celle des anciens jours ; dans l'air, on n'entendait vibrer que les syllabes dures, le *ya* septentrional de la langue celtique.

Yves passa assez distrait dans l'église, sur les dalles funéraires et sur les vieux évêques endormis.

Mais il s'arrêta tout pensif à la porte, devant les fonts baptismaux.

— Regardez, dit-il, on m'a tenu là-dessus. Et nous devions demeurer tout près d'ici ; ma pauvre mère m'a souvent dit que, le jour de mon baptême, quand on lui a fait ce vilain affront de ne pas sonner pour moi, vous savez bien, de son lit, elle avait entendu chanter les prêtres.

Malheureusement Yves a négligé de prendre à Plouherzel, auprès de sa mère, les indications qu'il nous aurait fallu pour retrouver cette maison où ils demeuraient.

Il avait compté sur sa marraine, nommée Yvonne Kergaoc, qui devait habiter précisément sur cette place de l'Église. Et, en arrivant, nous avions demandé cette Yvonne Kergaoc; on s'en souvenait bien.

— Mais d'où revenez-vous donc, mes bons messieurs ?... Elle est morte depuis douze ans !

Quant aux Kermadec, non, personne ne se les rappelait, ceux-là. Et il n'y avait guère à s'en étonner : depuis plus de vingt ans, ils avaient quitté le pays.

Nous montâmes au clocher de Creizker ; naturellement, c'était haut, cela n'en finissait plus, cette pointe dans l'air. Nous dérangions beaucoup les vieilles corneilles nichées dans le granit.

Une merveilleuse dentelle de pierre grise, qui montait, qui montait toujours, et qui était légère à donner le vertige. Nous nous élevions là dedans par une spirale étroite et rapide, découvrant par toutes les découpures du *clocher à jour* des échappées infinies.

En haut, isolés tous deux dans l'air vif et dans le ciel bleu, nous regardions les choses comme en planant. Sous nos pieds d'abord, il y avait les corneilles qui tournoyaient comme un nuage, nous donnant un concert de cris tristes ; beaucoup plus bas, la vieille ville de Saint-Pol, tout aplatie, une foule lilliputienne s'agitant dans ses petites rues grises, comme un essaim de *bugel-noz*; à perte de vue, du côté du sud, s'étendait le pays breton jusqu'aux montagnes Noires ; et puis, au nord, c'était le port de Roscoff avec des milliers de petits rochers bizarres criblant de leurs têtes pointues le miroir de la mer, — le miroir de la grande mer bleu pâle, qui s'en allait se fondre là-bas très loin dans la pâleur semblable du ciel.

Cela nous amusait d'avoir enfin réussi à monter dans ce Creizker, qui nous avait tant de fois regardés passer au milieu de cette eau infinie ; lui, planté tranquille, toujours là, inaccessible et immuable, quand nous, pauvres gens de la mer, nous étions malmenés par tous les mauvais vents du large.

Cette dentelle de granit qui nous soutenait en l'air était polie, rongée par les vents et les pluies de quatre cents hivers. Elle était d'un gris foncé à reflets roses ; il y avait dessus, par plaques, ce lichen jaune, cette mousse du granit qui met des siècles à pousser et qui jette ses tons dorés sur toutes les vieilles églises bretonnes. Les gargouilles à laide figure, les petits monstres aux traits vagues, qui vivent là-haut dans l'air, grimaçaient à côté de nous au soleil, comme gênés d'être regardés de si près, comme s'étonnant en eux-mêmes d'être si vieux, d'avoir essuyé tant de tempêtes et de se retrouver en pleine lumière. C'était ce monde-là qui avait présidé de haut à la naissance d'Yves ;

c'était ce monde aussi qui de loin nous regardait avec bienveillance passer sur la mer, quand nous ne distinguions, nous, qu'une indécise flèche noire. Et nous faisions connaissance avec lui.

Yves était toujours très désenchanté pourtant de n'avoir retrouvé aucune trace de son ancienne demeure ni de son père; aucun souvenir, pas plus dans la mémoire des autres que dans la sienne. Et il regardait toujours à ses pieds les maisons grises, celles surtout qui étaient le plus près de la base du clocher, attendant quelque intuition du lieu où il était né.

Nous n'avions plus qu'une demi-heure à passer à Saint-Pol avant de prendre la diligence du soir. Le lendemain matin, nous devions être de retour à Brest, où notre navire nous attendait pour nous emmener encore une fois très loin de la Bretagne.

Nous nous étions attablés à boire du cidre dans une auberge sur la place de l'Église, et, là encore, nous interrogions l'hôtesse, qui était une très vieille femme. Mais celle-ci s'émut tout à coup en entendant le nom d'Yves.

— Vous êtes le fils d'Yves Kermadec? dit-elle. Oh! si j'ai connu vos parents, je crois bien! Nous étions voisins dans ce temps-là, monsieur, et même, quand vous êtes arrivé au monde, on est venu me chercher. Mais c'est que vous lui ressemblez, à votre père ! Aussi je vous regardais quand vous êtes entré. Vous n'êtes pas encore si beau que lui, dame ! quoique vous soyez pourtant un bien bel homme.

Yves, à ce compliment, me jette un coup d'œil, avec une envie de rire; et puis la vieille femme, très bavarde, se met à lui raconter un tas de choses sur lesquelles un peu plus de vingt années ont passé et que lui écoute, recueilli et tout ému.

Ensuite elle appelle encore d'autres femmes qui étaient aussi des voisines, et tout ce monde raconte.

— *Jésus ma Doué !* disent-elles, comment cela se peut-il qu'on ne vous ait pas répondu plus tôt. Tout le monde s'en souvient, de vos parents, mon bon monsieur ; mais les gens sont bêtes dans notre pays ; et puis, quand on voit des étrangers comme ça, pas étonnant qu'on ne soit pas très causeur.

Le père d'Yves a laissé dans le pays le souvenir un peu légendaire d'une sorte de géant qui était d'une rare beauté, mais qui ne savait faire rien comme les autres.

— Quel dommage, monsieur, qu'un homme comme ça fût si souvent dérangé! Car il s'est ruiné au cabaret, votre pauvre père; pourtant il aimait beaucoup sa femme et ses enfants, il était très doux avec eux, et dans le pays tout le monde l'aimait, excepté M. le curé.

— Excepté M. le curé! me répéta tout bas Yves devenu sombre. Voyez-vous, c'est bien ce que je vous ai conté, au sujet de mon baptême.

— Un jour, il y avait une bataille, ici sur la place, en 1848, pour la révolution, votre père avait tenu tête tout seul aux gens du marché et sauvé la vie à M. le maire.

— Il avait un grand cheval, dit l'hôtesse, qui était si méchant, que personne n'osait l'approcher. Et on se garait, allez, quand il passait monté sur cette bête.

— Ah! dit Yves, frappé tout à coup comme d'une image qui lui serait revenue de très loin, je me souviens de ce cheval, et je me rappelle que mon père me prenait dans ses mains et m'asseyait dessus quand il était amarré à l'écurie. C'est la première fois que je me souviens de mon père, et que je revois un peu sa figure. Il devait être noir, ce cheval, et il avait les pieds blancs.

— C'est cela, c'est cela, dit la vieille femme, noir avec les pieds blancs. C'était une bête terrible, et, *Jésus ma Doué !* quelle idée pour un marin d'avoir un cheval !

L'auberge est remplie de buveurs de cidre qui font un joyeux tapage de verres et de conversations bretonnes. On forme un peu cercle autour de nous.

L'hôtesse a quatre petites-filles, toutes pareilles, qui sont jolies à ravir sous leur coiffe blanche. On ne dirait pas des filles d'auberge : c'est le type accompli de la belle race bretonne du Nord, et puis elles ont l'expression tranquille et réfléchie de ces femmes d'autrefois, que les portraits anciens nous ont conservés. Elles aussi se tiennent près de nous, regardent et écoutent.

A notre tour, on nous interroge. Yves répond :

— Ma mère habite toujours à Plouherzel avec mes deux sœurs. Mes deux frères, Gildas et Goulven, naviguent à la grande pêche sur des baleiniers américains. Moi seul, je navigue depuis dix ans à l'État.

Il n'y a pas beaucoup de temps à perdre pour nous qui voulons aller voir avant de partir l'ancienne maison des Kermadec. Elle est là tout près, à toucher l'église ; on nous l'indique de la porte, en nous recommandant de demander à entrer dans la chambre à gauche, au premier ; c'est celle où Yves est né.

A côté de la maison, il y a le grand parc abandonné de l'évêché de Léon, où, paraît-il, Yves, quand il était tout petit enfant, allait chaque jour se rouler dans l'herbe avec Goulven. Elle est très haute aujourd'hui, cette herbe de mai, remplie de marguerites et de silènes. Dans ce parc, les rosiers, les lilas poussent maintenant au hasard, comme dans un bois.

Nous frappons à la porte de la maison que ces femmes nous ont indiquée, et ceux qui demeurent là s'étonnent un peu de ce que nous venons demander. Mais nous n'inspirons pas de méfiance, et on nous recommande seulement de ne pas faire de bruit en entrant dans cette chambre du premier, à cause d'une vieille grand'mère qui dort là et qui est sur le point de mourir. Et puis on nous laisse seuls, par discrétion.

4

Nous entrons sur la pointe du pied dans cette grande chambre qui est pauvre et presque vide. Les choses ont l'air de pressentir cette visiteuse sombre qui est attendue : on se demande même si elle n'est pas déjà arrivée, et les yeux se portent avec inquiétude vers un lit dont les rideaux sont fermés. Yves regarde partout, essayant de tendre son intelligence vers le passé, s'efforçant de se souvenir. Mais non, c'est fini, et, là-même, il ne retrouve plus rien.

Nous redescendions pour nous en aller, quand tout à coup quelque chose lui revint comme une lueur lointaine.

— Ah ! dit-il, à présent, je crois que je reconnais cet escalier. Tenez, en bas, il doit y avoir une porte de ce côté-là pour entrer dans la cour, et un puits à gauche avec un grand arbre, et au fond, l'écurie où se tenait le cheval aux pieds blancs.

C'était comme si une éclaircie se fût faite tout à coup dans des nuages. Yves s'était arrêté sur ces marches et, les yeux graves, il regardait par cette trouée qui venait de s'ouvrir subitement sur le passé ; il était très saisi de se sentir aux prises avec cette chose mystérieuse qui est le *souvenir*.

En bas, dans la cour, nous trouvâmes bien tout comme il l'avait annoncé, le puits à gauche, le grand arbre et l'écurie. Et Yves me dit avec une sorte d'émotion de frayeur, en se découvrant comme sur un tombeau :

— Maintenant, je revois très bien la figure de mon père !

Il était grand temps de partir; et la diligence nous attendait.

Tout le temps que nous mîmes à traverser la lande couleur d'or, pendant le long crépuscule de mai, nos yeux se fixèrent sur le *clocher à jour* qui s'éloignait, qui se perdait là-bas au fond de l'obscurité limpide. Nous lui faisions nos adieux ; car nous allions partir le lendemain pour des mers très lointaines, où il ne pourrait plus nous voir passer.

— Demain matin, disait Yves, il faudra que vous me permettiez d'entrer de bonne heure dans votre chambre, à bord, pour écrire sur votre bureau. Je voudrais raconter tout cela à ma mère avant de partir de France. Et, tenez, je suis sûr que les larmes lui viendront dans les yeux quand on lui lira ma lettre.

XI

Juin 1875.

... C'était par le vingtième parallèle de latitude, dans la région des alizés, un matin vers six heures; sur le pont d'un navire qui était là tout seul au milieu du bleu immense, un groupe de jeunes hommes se tenait, le torse nu, au soleil levant.

C'était la bande d'Yves, les gabiers de misaine et ceux du beaupré.

Ayant tous attaché sur leurs épaules leur mouchoir, qu'ils venaient de laver, ils restaient gravement le dos au soleil pour le faire sécher. Leur figure brune, leur rire, avaient encore une grâce jeune d'enfant : leur dandinement, la façon souple et moelleuse dont ils posaient leurs pieds nus, avaient quelque chose du chat.

Et, tous les matins, à cette même heure, à ce même soleil, dans ce même costume, ce groupe se tenait sur ces mêmes planches qui les promenaient, insouciants, au milieu des infinis de la mer.

Ce matin-là, ils discutaient sur la lune, sur son

visage humain, qui leur était resté de la nuit comme une obsédante image blême gravée dans leur mémoire. Pendant tout leur quart, ils l'avaient vue là-haut, suspendue toute seule, toute ronde, au milieu de l'immense vide bleuâtre ; même ils avaient été obligés de se cacher le front (pendant leur sommeil, le ventre en l'air et à la belle étoile) à cause des maladies et maléfices qu'elle jette sur les yeux des matelots, lorsque ceux-ci s'endorment sous son regard.

Ils étaient là quelques-uns qui conservaient toujours et quand même un grand air de noblesse, je ne sais quoi de superbe dans l'expression et la tournure, et le contraste était singulier entre leur aspect et les choses naïves qu'ils faisaient.

Il y avait Jean Barrada, le sceptique de cette compagnie, qui lançait de temps à autre dans la discussion l'éclat mordant de son rire, montrant ses dents blanches toujours et renversant sa belle tête en arrière. Il y avait Clet Kerzulec, un Breton de l'île d'Ouessant, qui se préoccupait surtout de ces traits humains estompés sur ce disque pâle. Et puis le grand Barazère, qui jouait le sérieux et l'érudit, leur assurant que c'était un monde beaucoup plus grand que le nôtre et dans lequel vivaient des peuples étranges.

Eux secouaient la tête, incrédules, et Yves disait, très songeur :

— Tout ça, c'est des choses... c'est des choses, vois-tu, Barazère, dans lesquelles je crois que tu ne te connais pas beaucoup.

Et puis il ajoutait, d'un air qui tranchait la discussion, que d'ailleurs il allait venir me trouver et se faire bien expliquer ce que c'était que la lune. Après, il reviendrait le leur apprendre à tous.

Nul doute, en effet, que je ne fusse très au courant des choses de la lune comme de tout le reste. D'abord on m'avait souvent vu occupé à la regarder marcher à travers un instrument de cuivre en compagnie d'un timonier qui me comptait tout haut, d'une voix monotone d'horloge, les minutes et les secondes tranquilles de la nuit.

Cependant les petits mouchoirs séchaient sur les dos nus des jeunes hommes, et le soleil montait dans le grand ciel bleu.

Il y en avait, de ces petits mouchoirs, qui étaient tout uniment blancs; d'autres qui avaient pes dessins de plusieurs couleurs, et même qui portaient de beaux navires imprimés au milieu dans des cadres rouges.

Moi, qui étais de quart, je commandai : « A larguer le ris de chasse ! » Et le maître d'équipage fit irruption au milieu des causeurs en sifflant dans son sifflet d'argent. Alors brusquement, en un clin d'œil, comme une bande de chats sur lesquels on a lancé un dogue, ils se dispersèrent tous en courant dans la mâture.

Yves habitait là-haut, dans sa hune. En regardant en l'air, on était sûr de voir sa silhouette large et svelte sur le ciel; mais on le rencontrait rarement en bas.

C'est moi qui montais de temps en temps lui faire visite, bien que mon service ne m'y obligeât plus depuis que j'avais franchi le grade de midship; mais j'aimais assez ce domaine d'Yves, où l'on était éventé par un air encore plus pur.

Dans cette hune, il avait ses petites affaires; un jeu de cartes dans une boîte, du fil et des aiguilles pour coudre, des bananes volées, des salades prises la nuit dans les réserves du commandant, tout ce qu'il pouvait ramasser de frais et de vert dans ses maraudes nocturnes (les matelots sont friands de ces choses rares qui guérissent les gencives fatiguées par le sel). Et puis il avait *sa perruche* attachée par une patte et fermant sous le soleil ses yeux clignotants.

Sa perruche était un hibou à grosse tête des pampas, tombé un jour à bord à la suite d'un grand vent.

Il y a de bizarres destinées sur la terre, ainsi celle de ce hibou faisant le tour du monde en haut d'un mât. Quel sort inattendu.

Il connaissait son maître et le saluait par de petits battements d'ailes joyeux. Yves lui faisait régulièrement manger sa propre ration de viande, ce qui pourtant ne l'empêchait pas d'élargir.

Cela l'amusait beaucoup, en le regardant de tout près, de tout près, dans les yeux, de le voir se retirer, se cambrer d'un air de dignité offensée, en dodelinant de la tête avec un tic d'ours. Alors il était pris de fou rire, et il lui disait avec son accent breton :

— Oh ! mais comme tu as l'air bête, ma pauvre perruche !

De là-haut, on dominait comme de très loin le pont de la *Sibylle*, une *Sibylle* aplatie, fuyante, très drôle à regarder de ce domaine d'Yves, ayant l'air d'une espèce de long poisson de bois, dont la couleur de sapin neuf tranchait sur les bleus profonds, infinis de la mer.

Et, dans tous ces bleus transparents, au milieu du sillage, derrière, une petite chose grise, ayant la même forme que le navire et le suivant toujours entre deux eaux : le requin. Il y a toujours un requin qui suit, rarement deux ; seulement, quand on l'a pêché, il en vient un autre. Il suit pendant des nuits et des jours, il suit sans se lasser pour manger tout ce qui tombe : débris quelconques, hommes vivants ou hommes morts.

De temps en temps, il y avait de toutes petites hirondelles qui venaient aussi nous faire cortège pour s'amuser, par caprice, picorant les miettes de biscuit que nous semions derrière nous dans ce désert d'eau et puis disparaissant au loin en décrivant des courbes joyeuses. Petites bêtes d'une espèce rare, de couleur rousse à queue blanche, qui vivent on ne sait comment, perdues au milieu des grandes eaux, toujours au plus large des mers.

Yves, qui en voulait une, leur tendait des pièges ; mais elles, très fines, ne venaient pas s'y prendre.

Nous approchions de l'équateur, et le souffle régulier de l'alizé commençait à mourir. C'étaient maintenant des brises folles qui changeaient, et puis des instants de calme où tout s'immobilisait dans une sorte d'immense resplendissement bleu, et alors on voyait les vergues, les hunes, les grandes voiles blanches dessiner dans l'eau des commencements d'images renversées qui ondulaient.

La *Sibylle* ne marchait plus, elle était lente et paresseuse, elle avait des mouvements de quelqu'un qui s'endort. Dans la grande chaleur humide, que les nuits mêmes ne diminuaient plus, les choses, comme les hommes, se sentaient prises de sommeil. Peu à peu il se faisait dans l'air des tranquillités étranges. Et maintenant des nuées lourdes, obscures se traînaient sur la mer chaude comme de grands rideaux noirs. L'équateur était tout près.

Quelquefois des troupes d'hirondelles, de grande taille celles-ci et d'allures bizarres, surgissaient tout à coup de la mer, prenaient un vol effaré avec de longues ailes pointues d'un bleu luisant, et puis retombaient, et on ne les voyait plus; c'étaient des bancs de poissons volants qui s'étaient heurtés à nous et que nous avions réveillés.

Les voiles, les cordages pendaient inertes, comme choses mortes ; nous flottions sans vie comme une épave.

En haut, dans le domaine d'Yves, on sentait encore des mouvements lents qui n'étaient plus perceptibles en bas. Dans cet air immobile et saturé de rayons, la hune continuait de se balancer avec une régularité tranquille qui portait à dormir. C'étaient de longues oscillations molles qu'accompagnaient toujours les mêmes frôlements des voiles pendantes, les mêmes crissements des bois secs.

Il faisait chaud, chaud, et là lumière avait une splendeur surprenante, et la mer morne était d'un bleu laiteux, d'une couleur de turquoise fondue.

Mais, quand les grosses nuées étranges, qui voyageaient tout bas à toucher les eaux, passaient sur nous, elles nous apportaient la nuit et nous inondaient d'une pluie de déluge.

Maintenant nous étions tout à fait sous l'équateur et il semblait qu'il n'y eût plus un souffle dans l'air pour nous en faire partir.

Cela durait des heures, quelquefois tout un jour, ces obscurités et ces pluies lourdes. Alors Yves et ses amis prenaient une tenue qu'ils appelaient *tenue de sauvage*, et puis s'asseyaient insouciants sous l'ondée chaude, et laissaient pleuvoir.

Cela finissait toujours tout d'un coup; on voyait le rideau noir s'éloigner lentement, continuer sa marche traînante sur la mer couleur de turquoise, et la lumière splendide reparaissait plus étonnante après ces ténèbres, et le grand soleil équatorial buvait très vite toute cette eau tombée sur nous; les voiles, les bois du navire, les tentes retrouvaient leur blancheur sous ce soleil; toute la *Sibylle* reprenait sa couleur claire de chose sèche au milieu de la grande monotonie bleue qui s'étendait alentour.

De la hune où Yves habitait, en regardant en bas, on voyait que ce monde bleu était sans limite, c'étaient des profondeurs limpides qui ne finissaient plus; on sentait combien c'était loin, cet horizon, cette dernière ligne des eaux, bien que ce fût toujours la même chose que de près, toujours la même netteté, toujours la même couleur, toujours le même poli de miroir. Et on avait conscience alors de la *courbure* de la terre, qui seule empêchait de voir au delà.

Aux heures où se couchait le soleil, il y avait en l'air des espèces de voûtes formées par des successions de tout petits nuages d'or ; leurs perspectives fuyantes s'en allaient, s'en allaient en diminuant se perdre dans les lointains du vide; on les suivait jusqu'au vertige; c'étaient comme des nefs de temples apocalyptiques n'ayant pas de fin. Et tout était si pur, qu'il fallait l'horizon de la mer pour arrêter la vue de ces profondeurs du ciel ; les derniers petits nuages d'or venaient *tangenter* la ligne des eaux et semblaient, dans l'éloignement, aussi minces que des hachures.

Ou bien quelquefois c'étaient simplement de longues bandes qui traversaient l'air, or sur or : les nuages d'un or clair et comme incandescent, sur un fond byzantin d'or mat et terni. La mer prenait là-dessus une certaine nuance bleu paon avec des reflets de métal chaud. Ensuite tout cela s'éteignait très vite dans les limpidités profondes, dans des couleurs d'ombre auxquelles on ne savait plus donner de nom.

Et les nuits qui venaient après, les nuits mêmes étaient lumineuses. Quand tout s'était endormi dans des immobilités lourdes, dans des silences morts, les étoiles apparaissaient en haut plus éclatantes que dans aucune autre région du monde.

Et la mer aussi éclairait par en dessous. Il y avait une sorte d'immense lueur diffuse dans les eaux. Les mouvements les plus légers, le navire dans sa marche lente, le requin en se retournant derrière, dégageaient dans les remous tièdes des clartés couleur de ver-luisant. Et puis, sur le grand miroir phosphorescent de la mer, il y avait des milliers de flammes folles ; c'étaient comme des petites lampes qui s'allumaient d'elles-mêmes partout, mystérieuses, brûlaient quelques secondes et puis mouraient. Ces nuits étaient pâmées de chaleur, pleines de phosphore, et toute cette immensité éteinte couvait de la lumière, et toutes ces eaux enfermaient de la vie latente à l'état rudimentaire comme jadis les eaux mornes du monde primitif.

XII

Il y avait quelques jours que nous avions quitté ces tranquillités de l'équateur, et nous filions doucement vers le sud, poussés par l'alizé austral. Un matin, Yves entra très affairé dans ma chambre pour préparer ses lignes à prendre les oiseaux. « On avait vu, disait-il, les premiers *damiers* derrière. »

Ces damiers sont des oiseaux du large, proches parents des goélands, et les plus jolis de toute cette famille de la mer : d'un blanc de neige, les plumes douces et soyeuses, avec un damier noir finement dessiné sur les ailes.

Les premiers damiers ! c'est déjà un grand éloignement qu'indique leur seule présence, signe qu'on a laissé bien loin derrière soi notre hémisphère boréal et qu'on arrive aux régions froides qui sont sur l'autre versant du monde, là-bas vers le sud.

Ils étaient en avance pourtant, ces damiers-là ; car nous naviguions encore dans la zone bleue des alizés. Et c'était tous les jours, tous les jours, toutes les nuits, le même souffle régulier, tiède, exquis à respirer; et la même mer transparente, et les mêmes petits nuages blancs, moutonnés, passant tranquillement sur le ciel profond; et les mêmes bandes de poissons volants s'enlevant comme des fous avec leurs longues ailes humides et brillant au soleil comme des oiseaux d'acier bleu.

Il y en avait des quantités, de ces poissons volants, et quand il s'en trouvait d'assez étourdis pour s'abattre à bord, vite les gabiers leur coupaient les ailes et les mangeaient.

L'heure qu'Yves affectionnait pour descendre de sa hune et venir rendre visite à ma chambre, c'était le soir, au moment surtout où les appels et le branle-bas venaient de finir. Il arrivait tout doucement, sans faire avec ses pieds nus plus de bruit qu'un chat. Il buvait à même un peu d'eau douce dans une gargoulette à rafraîchir qui était pendue à mon sabord, et puis il mettait en ordre diverses choses qui m'appartenaient ou bien lisait quelque roman. Il y en avait un surtout de George Sand qui le passionnait : *le Marquis de Villemer*. A première lecture, je l'avais surpris près de pleurer, vers la fin.

Yves savait coudre très habilement, comme tous les bons matelots, et c'était drôle de le voir se livrer à ce travail, étant donnés son aspect et sa tournure. Dans ses visites du soir, il lui arrivait de passer en revue mes vêtements de bord et d'y faire des réparations qu'il jugeait mon domestique incapable d'exécuter comme il convenait.

XIII

Nous marchions toujours, toujours, avec toutes nos voiles, vers le sud.

Maintenant, c'étaient des nuées de damiers et d'autres oiseaux de mer qui voyageaient derrière nous. Ils nous suivaient étonnés et confiants, depuis le matin jusqu'à la nuit, criant, se démenant, volant par courbes folles, — comme pour nous souhaiter la bienvenue à nous, autre grand oiseau aux ailes de toile, qui entrions dans leur domaine lointain et infini, l'océan Austral.

Et leur troupe grossissait toujours à mesure que nous descendions. Avec les damiers, il y avait les pétrels gris perle, le bec et les pattes légèrement teintés de bleu et de rose; — et les malamochs tout noirs; — et les gros albatros lourds, d'une teinte sale, avec leur air bête de mouton, avec leurs ailes rigides et immenses, fendant l'air, piaulant après nous. Même on en voyait un que les matelots se montraient; un *amiral*, oiseau d'une espèce rare et énorme, ayant sur ses longues pennes les *trois étoiles* dessinées en noir.

Le temps, changé, était devenu calme, brumeux, morne. L'alizé austral était mort à son tour, et la limpidité des tropiques était perdue. Une grande fraîcheur humide surprenait nos sens. On était en août, et c'était le froid de l'autre hémisphère qui commençait. Quand on regardait tout autour de soi l'horizon vide, il semblait que le nord, le côté du soleil et des pays vivants, fût encore bleu et clair ; tandis que le sud, le côté du pôle et des déserts d'eau, était ténébreux...

Par ma grande protection, Yves avait obtenu, pour sa *perruche*, un compartiment réservé dans une des cages à poules du commandant, et il allait chaque soir la couvrir avec un morceau de voile, pour qu'elle ne fût pas incommodée par l'air de la nuit.

Tous les jours, les matelots pêchaient avec leurs lignes des damiers et des pétrels. On en voyait des rangées, écorchés comme des lapins, qui pendaient tout rouges dans les haubans de misaine, attendant leur tour pour être mangés. Au bout de deux ou trois jours, quand ils avaient rendu toute l'huile de leur corps, on les faisait cuire.

C'était le garde-manger des gabiers, ces haubans de misaine. A côté des damiers et des pétrels, on y voyait même des rats quelquefois, déshabillés aussi de leur peau et pendus par la queue.

Une nuit, on entendit tout à coup se lever une grande voix terrible, et tout le monde s'agiter et courir.

En même temps, la *Sibylle* s'inclinait toujours, toute frémissante, comme sous l'étreinte d'une ténébreuse puissance.

Alors ceux mêmes qui n'étaient pas de quart, ceux qui dormaient dans les faux ponts, comprirent : c'était le commencement des grands vents et des grandes houles ; nous venions d'entrer dans les mauvais parages du sud, au milieu desquels il allait falloir se débattre et marcher quand même.

Et plus nous avancions dans cet océan sombre, plus ce vent devenait froid, plus cette houle était énorme.

Les tombées des nuits devenaient sinistres. C'étaient les parages du cap Horn : désolation sur les seules terres un peu voisines, désolation sur la mer, désert partout. A cette heure des crépuscules d'hiver, où l'on sent plus particulièrement le besoin d'avoir un gîte, de rentrer près d'un feu, de s'abriter pour dormir, — nous n'avions rien, nous, — nous veillions, toujours sur le qui-vive, perdus au milieu de toutes ces choses mouvantes qui nous faisaient danser dans l'obscurité.

On essayait bien de se faire des illusions de *chez soi*, dans les petites cabines rudement secouées, où vacillaient les lampes suspendues. Mais non, rien de stable : on était dans une petite chose fragile, égarée, loin de toute terre, au milieu du désert immense des eaux australes. Et, au dehors, on entendait toujours ces grands bruits de houle et cette grande voix lugubre du vent qui serrait le cœur.

Et Yves, lui, n'avait guère que son pauvre hamac balancé, où, une nuit sur deux, on lui laissait le loisir de dormir un peu chaudement.

XIV

Ce fut un matin, à l'entrée de la mer des Célèbes, que mourut cette chouette qui était la *perruche* d'Yves, un matin de grand vent où l'on prenait le second ris aux huniers. Elle se laissa écraser, par insouciance, entre le mât et la vergue.

Yves, qui entendit son cri rauque, vola à son secours, mais trop tard. Il redescendit de la hune, rapportant dans sa main sa pauvre perruche morte, aplatie, n'ayant plus forme d'oiseau, un mélange de sang et de plumes grises, au-dessus duquel remuait encore une pauvre patte crispée.

Yves avait du chagrin, je le voyais bien dans ses yeux. Mais il se contenta de me la montrer sans rien dire, en mordant sa lèvre dédaigneuse. Puis il la lança à la mer, et le requin qui nous suivait la croqua comme une ablette.

XV

En Bretagne, l'hiver de 1876. La *Sibylle* était rentrée à Brest depuis deux jours, — après avoir fini son tour complet par en dessous, — et j'étais avec Yves, un soir de février, dans une diligence de campagne qui nous emportait vers Plouherzel.

C'était un recoin bien perdu que ce pays de sa

mère. Cette voiture devait nous mener en quatre heures de Guingamp à Paimpol, où nous comptions passer la nuit; et, de là, il nous faudrait encore marcher longtemps à pied pour arriver au village.

Nous nous en allions, cahotés sur une mauvaise petite route, nous enfonçant de plus en plus dans le silence des campagnes tristes. La nuit d'hiver tombait sur nous lentement et une pluie très fine embrouillait les choses dans les buées grises. Les arbres passaient, passaient, montrant l'un après l'autre leur silhouette morte. De loin en loin, les villages passaient aussi ; — villages bretons, chaumières noires au toit de paille moussue, vieilles églises à mince flèche de granit ; — gîtes isolés, mélancoliques, qui se perdaient vite derrière nous dans la nuit.

— Voyez-vous, disait Yves, j'ai fait cette route aussi la nuit, il y a onze ans ; — moi, j'en avais quatorze, — et je pleurais bien. C'était la fois où j'ai quitté ma mère pour m'en aller tout seul m'engager mousse à Brest...

J'accompagnais Yves un peu par désœuvrement, dans ce voyage à Plouherzel. La permission qu'on m'avait donnée était courte, et le temps me manquait, cette fois, pour aller voir ma mère; alors j'allais voir la sienne, et faire connaissance avec son village, qu'il aimait.

Et, à présent, je regrettais de m'être mis en route. Yves, tout absorbé dans sa joie de revenir, me parlait bien toujours, par déférence; mais son esprit n'était plus avec moi. Je me sentais un étranger dans ce monde où nous allions arriver, et toute cette Bretagne, que je n'aimais pas encore, m'oppressait de sa tristesse...

Paimpol. — Nous roulons sur des pavés, entre des vieilles maisons noires, et la diligence s'arrête. Des gens sont là, qui attendent avec des lanternes. Les mots bretons s'entre-croisent avec les mots français.

— Y a-t-il des voyageurs pour l'hôtel Le Pendreff ? demande une voix de petit garçon.

L'hôtel Le Pendreff, j'en ai maintenant souvenance... C'était, il y a neuf ans, pendant ma première année de marine; je m'y étais reposé une heure, un jour de juin, mon navire étant venu par hasard mouiller dans une baie des environs. Oui, je me rappelle : une ancienne maison seigneuriale, à tourelle et à pignon et deux dames Le Pendreff toutes pareilles, en grand bonnet blanc, faisant vignette d'autrefois. Nous descendrons à l'hôtel Le Pendreff.

Rien de changé dans la maison. — Seulement une des dames Le Pendreff est morte. — Celle qui reste était déjà si vieille il y a neuf ans, qu'elle n'a pu guère vieillir encore. Son type, son bonnet, l'honnêteté placide de sa personne, tout cela est du vieux temps.

Il fait bon souper devant le grand feu qui flambe; et la gaîté nous est revenue.

Après, dame Le Pendreff, munie d'un chandelier de cuivre, nous précède dans l'escalier de granit et nous introduit dans une chambre immense, où deux lits d'une forme très antique sont dressés sous des rideaux blancs.

Yves, cependant, se déshabille avec lenteur, sans conviction aucune.

— Ah ! dit-il tout à coup, remettant son col bleu, — tenez, je m'en vais ! — D'abord, vous comprenez, je ne pourrais pas dormir. Tant pis ! j'arriverai bien tard, je les réveillerai là-bas passé minuit, ça leur fera un peu peur, — comme l'année où je suis revenu de la guerre. Mais j'ai trop envie de les voir, il faut que je m'en aille...

Moi aussi, j'aurais fait comme lui.

Paimpol dort quand nous sortons par un pâle clair de lune. Je l'accompagne un bout de chemin, pour raccourcir ma soirée. Nous voici dans les champs.

Yves marche très vite, très agité, et repasse dans sa tête les souvenirs de ses autres retours.

— Oui, dit-il, après la guerre, je suis venu comme ça, vers deux heures du matin, les réveiller. J'avais fait la route à pied depuis Saint-Brieuc; je m'en retournais, bien fatigué, du siège de Paris. Vous pensez, j'étais tout jeune alors, je venais de passer matelot.

» Et tenez, j'avais eu bien peur, cette nuit-là : contre la croix de Kergrist, que nous allons voir au tournant de cette route; j'avais trouvé un vieux petit homme très laid qui me regardait en tenant les bras en l'air et qui ne bougeait pas. Et je suis sûr que c'était un mort; car il a disparu tout d'un coup en remuant son doigt comme pour me faire signe de venir.

Justement nous arrivions à cette croix de Kergriat. Nous la voyions surgir devant nous comme quelqu'un qui se lève dans l'obscurité. — Mais il n'y avait personne de blotti contre son pied.

Ce fut là que je dis adieu à Yves et que je rebroussai chemin, moi qui n'allais pas jusqu'à Plouherzel. Quand nous eûmes chacun perdu le bruit de nos pas dans le silence de cette nuit d'hiver, le vieux petit homme mort nous revint en tête, et nous nous mîmes à regarder malgré nous dans les taillis noirs.

XVI

Le lendemain matin, j'ouvris les yeux dans la chambre immense de dame Le Pendreff. Le soleil breton filtrait discrètement par les fenêtres. Il devait faire très beau.

Après ces quelques minutes qui sont toujours employées par moi à me demander dans quel coin du monde je m'éveille, je retrouvai l'image d'Yves et j'entendis dehors le piétinement d'une foule en sabots. Il y avait grande foire à Paimpol ce jour-là, et je fis une toilette de *frère de la côte* pour ne pas effaroucher tous les amis auxquels j'allais être présenté comme un marin du Midi. C'était entendu avec Yves, cette mise en scène et cette histoire.

Je descendis sur le perron de l'hôtel, où le soleil donnait. La place était pleine de monde : des marins, des paysans, des pêcheurs. Yves était là, lui aussi ; revenu au petit jour pour cette fête avec tous ses parents de Plouherzel, il m'attendait en bas pour me conduire à sa mère.

Une très vieille femme, se tenant droite et un peu fière dans son costume de paysanne, c'était la mère d'Yves. Elle avait un peu ses yeux, mais son regard était dur. Je m'étonnai aussi de la trouver si âgée : elle semblait plus que septuagénaire. Il est vrai, à la campagne, on vieillit plus vite, surtout quand la fatigue s'en est mêlée, avec des chagrins.

Elle n'entendait pas un seul mot de *galleuc* (de français) et me regardait à peine.

Mais il y avait un très grand nombre de cousins et d'amis qui tous avaient l'accueil avenant et l'air de belle humeur. Ils étaient venus de loin, de leurs petites chaumières moussues, éparpillées dans la campagne sauvage, pour assister à cette grande fête de la ville. Et avec ceux-là il fallait boire : du cidre, du vin ; c'était à n'en plus finir.

Le bruit allait croissant, et des marchands de complaintes à la voix rauque chantaient, en breton, sous des parapluies rouges, des choses à faire peur.

Arriva un personnage duquel Yves m'avait entretenu souvent, son ami d'enfance, Jean ; un voisin de chaumière, qu'il avait ensuite retrouvé au service, matelot comme lui. C'était un garçon de notre âge, avec une figure ouverte et intelligente. Il embrassa Yves tendrement, et nous présenta Jeannie, qui, depuis quinze jours, était sa femme.

Yves comblait sa vieille mère d'attentions et de caresses ; ils se racontaient beaucoup de choses en breton et parlaient tous les deux à la fois. Lui s'en excusait bien un peu, mais cela faisait du bien de les voir et de les entendre. Elle n'avait plus du tout l'air dur quand elle le regardait...

Les bonnes gens de la campagne ont toujours des affaires à n'en plus finir chez le notaire ; je les laissai tous se rendant chez celui de Paimpol pour un très long partage.

D'ailleurs, j'avais décidé de ne m'établir chez eux que demain, pour ne pas les gêner pendant cette première journée, et je m'en allai seul, me promener très loin.

XVII

Je marchais depuis une heure.— Au hasard, j'avais pris le même chemin qu'hier avec Yves, — et j'étais repassé devant cette croix de Kerzrist.

Maintenant Paimpol et la mer, et les îles, et les caps boisés de sapins sombres, tout cela venait de disparaître derrière un repli du terrain ; une campagne plus triste s'étendait devant moi.

Cette journée de février était calme, très morne ; l'air était presque doux, et le ciel restait bleu par places, un peu voilé seulement, comme toujours est le ciel breton.

Je m'en allais par des sentiers humides, bordés, suivant le vieil usage, de hauts talus en terre qui muraient tristement la vue. L'herbe rase, les mousses mouillées, les branches nues sentaient l'hiver. A tous les coins de ces chemins, de vieux calvaires étendaient leurs bras gris ; ils portaient des sculptures naïves, retouchées bizarrement par les siècles : les instruments de la passion, ou bien des images grimaçantes du Christ.

De loin en loin, on voyait les chaumières à toit de paille, toutes verdies de mousse, à demi enfouies dans la terre et les branchages morts. Les arbres étaient rabougris, dépouillés par l'hiver, tourmentés par le vent du large. Personne nulle part, et tout cela était silencieux.

Une chapelle de granit gris, avec un enclos de hêtres et des tombes... Ah ! oui, je la reconnaissais sans l'avoir jamais vue, la chapelle de Plouherzel ! Yves m'en avait souvent parlé à bord pendant les nuits de quart, pendant les nuits limpides de là-bas où l'on rêvait du pays : — « Quand on est rendu à la chapelle, disait-il, c'est tout près ; on n'a plus qu'à tourner dans le sentier à gauche ; deux cents pas, et on est chez nous. »

Je tournai à gauche, et, au bord du sentier, j'aperçus la chaumière.

Elle était isolée et toute basse sous de vieux hêtres.

Elle regardait un grand paysage triste dont les lointains s'estompaient dans les gris noirs. C'étaient des plaines, des plaines monotones avec des fantômes d'arbres ; un lac d'eau marine à l'heure de la basse mer, un lac vide creusé dans des assises de granit, prairie profonde d'algues et de varechs, avec une île au milieu.

L'île, étrange, en granit tout d'une pièce polie, comme un dos, ayant forme d'une grande bête assise. On cherchait des yeux la mer, la vraie qui devait revenir pourtant à ces réservoirs abandonnés, et on ne la découvrait nulle part. Une brume froide et sombre montait à l'horizon, et le soleil d'hiver commençait à s'éteindre.

Pauvre Yves ! une chaumière isolée au bord du chemin, c'est la sienne; une pauvre petite chaumière bretonne, au détour d'un sentier perdu, bien basse, sous un ciel obscur, à moitié dans la terre, avec de vieux petits murs de granit où poussent les pariétaires et la mousse.

Là sont tous ses souvenirs d'enfance, à lui; là était son berceau de petit sauvage, là était son nid ; foyer chéri habité par sa mère, foyer auquel, dans les pays lointains, dans les grandes villes d'Amérique ou d'Asie, son imagination toujours le ramenait. Il y songeait avec amour, à ce petit coin de monde, pendant les belles nuits calmes de la mer et pendant les nuits troublées, brutalement joyeuses, de sa vie d'aventures. Une pauvre chaumière isolée, au détour d'un chemin, et c'est tout.

Dans ses rêves de marin, c'était là ce qu'il revoyait : sous le ciel pluvieux, au milieu de la campagne morne du pays de Goëlo, ces vieux petits murs humides, tout verdis de pariétaires; et les chaumières voisines où les bonnes vieilles en coiffe le gâtaient au temps de son enfance; et puis, au coin des chemins, les calvaires de granit, mangés par les siècles...

Mon Dieu! que ce pays est sombre et me serre le cœur!

Je frappai à cette porte, et une jeune fille qui ressemblait à Yves parut sur le seuil.

Je lui demandai si c'était bien la maison des Kermadec.

— Oui, dit-elle, un peu étonnée et craintive.

Et puis, tout à coup :

— C'est vous, monsieur, qui êtes l'ami de mon frère et qui êtes arrivé de Brest hier au soir avec lui ?...

Seulement elle s'inquiétait de me voir venir seul.

J'entrai. Je vis les bahuts, les lits bretons, les

vieilles assiettes rangées au vaisselier. Tout cela avait la mine propre et honnête; mais la chaumière était bien petite et modeste.

— Tous nos parents sont riches, m'avait souvent dit Yves; il n'y a que nous autres qui sommes pauvres.

On me montra un de ces lits en forme d'armoire, à deux places, qui avait été préparé pour Yves et pour moi. Je devais habiter l'étagère supérieure, qui était garnie de gros draps de toile rousse bien propres et bien raides.

— Restez donc, monsieur; ils vont bientôt revenir de la ville.

Mais non, je remerciai pour ce premier jour et je m'en allai.

A mi-chemin de Paimpol, nuit tombante, j'aperçus de loin un grand col bleu, dans une carriole qui s'en revenait bon train vers Plouherzel: la petite voiture de l'ami Jean ramenant Yves et sa mère. Je n'eus que le temps de me jeter derrière les buissons; s'ils m'avaient reconnu, il n'y aurait plus eu moyen de les quitter, bien certainement.

Il faisait tout à fait nuit quand j'arrivai à Paimpol, et les petites lanternes des rues étaient allumées. J'essayai de me mêler à cette foule qui s'agitait sur la place : c'était de ces marins qu'on appelle là des *Islandais*, qui s'exilent tous les étés, six mois durant, pour aller faire la grande pêche dangereuse dans les mers froides.

Aucun de ces hommes n'était seul. Ils circulaient en chantant par les rues avec des jeunes femmes au bras, des sœurs, des fiancées, des maîtresses. Et ces images de joie et de vie me donnaient le sentiment de mon isolement profond. Je marchais seul, moi, triste et inconnu d'eux tous, sous mon costume d'emprunt pareil au leur. On me dévisageait. « Qui est celui-là ? Un marin d'ailleurs, à la recherche d'un navire ? Nous ne l'avons jamais vu parmi nous. »

Je me sentais froid au cœur, et brusquement je repris le chemin de Plouherzel. Après tout, je ne les gênerais peut-être pas beaucoup, mes amis simples de là-bas, en allant un peu me réchauffer près d'eux.

J'avais oublié de dîner et je marchais d'un pas rapide, craignant d'arriver bien tard, de trouver là-bas la chaumière fermée et mes amis couchés.

XVIII

Au bout d'une heure, j'étais au milieu de la campagne absolument égaré. Autour de moi rien que l'obscurité, le silence des nuits d'hiver. J'errais dans des sentiers détrempés; personne à qui demander ma route, aucun hameau, aucune lumière. Toujours des silhouettes noires d'arbres. Et puis, de loin en loin, des calvaires; il y en avait de très grands que je n'avais jamais rencontrés dans ma promenade du jour.

Je rebroussai chemin en courant. Je courus longtemps dans toutes les directions. Une pluie glaciale commençait à tomber, chassée par le vent qui se levait. Cela m'était égal d'être égaré; seulement j'avais besoin de voir quelqu'un d'ami et je me pressais pour essayer de retrouver Yves.

Il devait être fort tard quand je reconnus devant moi la chapelle de Plouherzel et le lac d'eau marine, où tombait une lueur de lune, et la masse noire de l'île de granit sur l'eau pâle, le dos de la grande bête couchée.

Près de la chapelle, j'entendis des voix. Dans le noir, deux hommes dont l'un athlétique, se tenaient par la main et se parlaient fort tendrement, à la manière des gens un peu gris : Yves et Jean, — et je courus à eux.

Un grand étonnement et une joie de me voir. — Et puis Jean, nous prenant chacun par un bras, nous entraîna tous deux chez lui.

La chaumière de Jean, isolée aussi, était dans le voisinage de celle d'Yves, mais bien plus grande et plus cossue.

On voyait tout de suite qu'on entrait chez des gens riches : les bahuts et les lits avaient des fermoirs d'acier découpé qui reluisaient comme des armures. Tout au fond était dressée une cheminée monumentale, où flambait le tronc d'un chêne.

Deux femmes étaient assises devant ce feu, Jeannie, la jeune épouse, et puis la vieille mère en haute coiffure, filant à son rouet.

C'était une jolie vieille à peindre, la mère de Jean. Elle avait aussi un peu élevé Yves, qu'elle appelait en breton son autre enfant et qu'elle embrassa sur les deux joues bien fort.

Les femmes, depuis une heure, étaient inquiètes

et veillaient pour les attendre. Elles les reçurent avec indulgence, bien qu'ils fussent gris (c'est l'usage entre amis du service qui se retrouvent), les grondèrent un peu, puis se mirent en devoir de nous faire à tous trois des crêpes et de la soupe.

Un mauvais vent qui venait de se lever de la mer gémissait dehors, dans le noir de la campagne déserte. De temps en temps, il descendait par la cheminée, chassant en avant la flamme claire ; alors de petits flocons de cendre très légers se mettaient à danser en rond devant l'âtre, bien bas, en rasant le sol, comme ces mauvaises âmes de nains qui virent toute la nuit autour des Grandes-Pierres.

Nous étions bien devant cette flamme qui séchait nos vêtements trempés de pluie, et nous attendions avec impatience la bonne soupe chaude qu'on allait nous servir.

XIX

Ces crêpes qu'on nous faisait ressemblaient à la lune, tant elles étaient larges ; on nous les passait à mesure toutes brûlantes, au bout d'une longue palette de frêne taillée en forme d'aviron de chaloupe.

Yves en laissa choir une sur une grosse poule qu'on n'avait pas vue par terre et qui se sauva dans un recoin sombre, en secouant ce manteau d'un air revêche et offensé. J'avais bonne envie de rire et Jeannie aussi ; mais nous n'osions pas, sachant bien tous deux que c'était un signe de malheur.

— Encore la grosse noire ! dit la vieille mère, lâchant son rouet et regardant Yves d'un air consterné. Jeannie, ma fille, rappelez-vous de l'envoyer demain matin vendre au marché ; c'est toujours la même qui rôde à l'heure où toutes les autres poules sont couchées : elle finirait par nous attirer du mal.

Nous coupions nos crêpes en petits morceaux pour les mettre dans nos écuelles de soupe, et puis nous les mangions, bien trempées, avec nos cuillères de bois. Et Jeannie nous faisait boire tous trois dans une même grande moque qui était pleine d'un cidre très bon.

Après, quand nous eûmes bien mangé et bien

bu, Jean commença d'une jolie voix haute une chanson de bord que connaissent tous les matelots bretons. Yves et moi nous chantions les basses, et la vieille mère marquait la mesure avec sa tête et la pédale de son rouet. On n'entendait plus les refrains tristes que le vent chantait tout seul dehors.

La chanson disait :

> Nous étions trois marins de Groix,
> Nous étions trois marins de Groix
> Embarqués sur le *Saint-François*.
> Il vente !...
> C'est le vent de la mer qui nous tourmente.
>
> Pauvre homme, 'l a tombé à la mer,
> Pauvre homme, 'l a tombé à la mer,
> Les autres étaient bien dans la peine.
> Il vente !...
> C'est le vent de la mer qui nous tourmente.
>
> Les autres étaient bien dans la peine,
> Les autres étaient bien dans la peine,
> Ils ont hissé l' pavillon *guen* (pavillon blanc)
> Il vente !...
> C'est le vent de la mer qui nous tourmente.
>
> Ils ont hissé l'pavillon guen,
> Ils ont hissé l'pavillon guen,

Ils n'ont trouvé que son chapeau.
Il vente !...
C'est le vent de la mer qui nous tourmente

Ils n'ont trouvé que son chapeau,
Ils n'ont trouvé que son chapeau,
Son garde-pipe et son couteau.
Il vente !...
C'est le vent de la mer qui nous tourmente.

La maman qui s'en est allée,
La maman qui s'en est allée,
Prier la grande sainte Anne d'Auray.
Il vente !...
C'est le vent de la mer qui nous tourmente.

« Bonne sainte Anne, rendez-moi mon fils,
Bonne sainte Anne, rendez-moi mon fils. »
La bonne sainte Anne, elle lui a dit...
Il vente !...
C'est le vent de la mer qui nous tourmente.

La bonne sainte Anne, elle lui a dit,
La bonne sainte Anne, elle lui a dit :
« Tu le retrouv'ras en paradis ! »
Il vente !...
C'est le vent de la mer qui nous tourmente.

Dans son village s'en est retournée,
Dans son village s'en est retournée,

L'endemain, pauv'femme, elle est trépassée.
Il vente !...
C'est le vent de la mer qui nous tourmente.

XX

Quand il fallut partir, il se trouva qu'Yves était beaucoup plus gris qu'on n'aurait pu le croire. Dehors, il enfonçait jusqu'au genou dans les flaques d'eau et marchait tout de travers. Pour le ramener, je passai mon bras droit autour de sa taille, son bras gauche à lui par-dessus mes épaules, le portant presque. Nous ne voyions plus rien que le noir intense de la nuit ; un grand vent nous fouettait la poitrine, et, dans ces sentiers, Yves ne se reconnaissait plus.

On était inquiet dans sa chaumière, et on veillait pour l'attendre. Sa mère le gronda, de son air dur, en prenant une grosse voix, comme on fait pour gronder les petits enfants, et lui s'en alla tout penaud s'asseoir dans un coin.

Tout de même on nous obligea de souper une seconde fois ; c'est la coutume. Une omelette, encore des crêpes, et des tartines de pain bis avec du beurre. Ensuite, on procéda au coucher de la famille (les hommes d'abord, puis on éteint la lumière, et les femmes se couchent après). Il y avait sous nos matelas de hautes litières faites d'un amas de branches de chêne et de hêtre : cela s'affaissait avec un bruit de feuilles sèches, et on se sentait descendre, enfoncer dans un creux qui vous tenait chaud.

— *Hou! houhouou! hou houhouou!* faisait le vent dehors, d'une voix de hulotte, avec des airs de se fâcher, de s'indigner, et puis de se plaindre et de mourir.

Quand la chandelle fut éteinte et que la chaumière fut noire, on entendit une voix douce de petite fille commencer une prière en breton (c'était une toute petite de quatre ans qu'on avait recueillie, un enfant que Gildas avait fait à une fille de Plouherzel, lors de son dernier passage au pays).

Une très longue prière, coupée de répons graves de vieille femme; tous les saints de la Bretagne : saints Corentin et Allain, saints Thénénan et Thégounec, saints Tuginal et Tugdual, saints Clet et Gildas furent invoqués, et puis le silence se fit.

Tout près de moi, la respiration à peine percep-

tible d'Yves, déjà endormi d'un sommeil profond.
— Au pied de notre lit, les poules couchées rêvant tout haut sur leur perchoir. Un grillon donnant de temps à autre, dans l'âtre encore chaud, une mystérieuse petite note de cristal. Et puis dehors, autour de la chaumière isolée, toujours ce vent : un gémissement immense courant sur tout le pays breton ; une poussée incessante venue de la mer avec la nuit et mettant dans la campagne un monotone remuement noir, à l'heure des apparitions et des promenades de morts.

XXI

— Bonjour, Yves !
— Bonjour, Pierre !

Et nous ouvrons à la lumière grise du matin les auvents de notre armoire.

Ce *bonjour, Pierre !* précédé d'un petit sourire d'intelligence, m'est dit avec hésitation, d'une voix intimidée ; c'est *bonjour, capitaine*, qu'Yves a l'habitude de dire, et il n'en revient pas de s'éveiller si près de moi, avec la consigne de m'appeler par mon nom. Pour en faire accroire aux gens de Plouherzel et garder la vraisemblance de mon costume d'emprunt, nous avions concerté cette intimité.

C'était fini du rayon de soleil d'hier et du grand vent de la nuit. Ce matin, il faisait un vrai temps de Bretagne, et tout ce pays était enveloppé d'une même immense nuée grise. Le jour était comme un crépuscule, et il semblait que cette lueur si blême n'eût pas la force d'entrer par les lucarnes des chaumières. On ne voyait plus rien des lointains, et une petite pluie lente était répandue dans l'air comme une fine poussière d'eau.

Nous avions à faire toute la tournée promise chez les oncles, les cousins, les amis d'enfance ; et ces chaumières étaient fort disséminées dans la campagne, Plouherzel n'étant pas un village, mais seulement une région autour d'une chapelle.

Les courses étaient longues, dans les sentiers humides, entre les talus couverts de mousse, sous la voûte des vieux hêtres morts et sous le voile du ciel gris.

Et toutes ces chaumières étaient pareilles, basses, enterrées, sombres : leur toit de paille, leurs murs de granit brut, tout verdis par les cochléarias, les lichens, les fraîches mousses de l'hiver. Au dedans, noires, sauvages, avec des lits en forme d'armoire gardés par des images de saints ou des bonnes vierges en faïence.

Nous étions reçus à cœur ouvert partout, et toujours il fallait manger et boire. Il y avait de longues conversations en breton, auxquelles, en mon honneur, on mêlait, tant bien que mal, un peu de français. C'était surtout de l'enfance d'Yves que l'on aimait à causer. Des bons vieux et des bonnes vieilles redisaient en riant ses mauvais tours d'autrefois; et ils avaient été nombreux, à ce que je vis.

— Oh! le mauvais gars, monsieur, que ça faisait!

Et lui recevait ces compliments avec son grand air calme, et buvait toujours.

Le forban couvait déjà, paraît-il, sous le petit sauvage; le petit Yves, qui sautait pieds nus dans ces sentiers de Plouherzel, était le germe inconscient du marin de plus tard, indompté et coureur de bordées.

Vers le soir, à marée basse, nous descendîmes, Yves et moi, dans le lit du lac d'eau marine, dans la prairie d'algues rousses. Nous emportions chacun une tartine de pain noir bien beurré et un grand couteau pour prendre des *berniques*. Un régal de son enfance qu'il voulait renouveler avec moi, des coquillages tout crus avec du pain et du beurre.

La mer avait découvert de plusieurs kilomètres, mettant à nu les vastes champs de varech, la prairie profonde où l'herbe était brune et salée, avec d'étranges fleurs vivantes. Tout alentour, des parois de granit fermaient cette fosse immense, et l'île en forme de bête couchée, dégarnie jusqu'aux pieds, montrait ses derniers soubassements noirs. Il y en avait beaucoup d'autres aussi, d'autres blocs qui s'étaient tenus cachés sous les eaux à mer haute, et qui maintenant se faisaient voir, surgissaient, avec leurs longues garnitures d'algues, pendantes comme des chevelures mouillées. Sur la plaine sombre, on en apercevait de posés partout, dans d'étranges attitudes de réveil.

L'air froid était rempli de la senteur âcre du goémon. La nuit venait lentement, de son pas silencieux de loup, et tous ces grands dos de pierre commençaient à faire songer à des troupeaux de monstres. Nous prenions les *berniques* au bout de nos couteaux, et nous les mangions toutes vivantes, en mordant à même dans nos tartines, ayant faim tous deux, nous dépêchant de finir, de peur de ne plus y voir.

— Ce n'est plus si bon qu'autrefois, dit Yves quand il eut tout mangé, et puis il me semble que je me sens triste ici... Quand j'étais petit, je me rappelle que ça m'arrivait de temps en temps, la même chose, mais pas si fort que ce soir. Allons-nous-en, voulez-vous ?

Alors, moi, je lui répondis, étonné de l'entendre :

— Des manières de moi que tu prends là, mon pauvre Yves !

— Des manières de vous, vous dites ?

Et il me regardait avec un long sourire mélancolique, qui m'exprimait de sa part des choses nouvelles, indicibles. Je compris ce soir-là qu'il avait beaucoup plus que je ne l'aurais pensé des *manières de moi*, des idées, des sensations pareilles aux miennes.

— Tenez, continua-t-il, comme suivant toujours le même cours de pensées, savez-vous une chose qui m'inquiète souvent quand nous sommes si loin, en mer ou dans ces pays de là-bas? Je n'ose pas vous dire... C'est l'idée que je pourais peut-être mourir et qu'on ne me mettrait pas dans notre cimetière d'ici.

Et il montrait de la main la flèche de l'église de Plouherzel, qu'on apercevait au-dessus des falaises de granit, très loin, comme une pointe grise.

— Ce n'est pas pour la religion, vous comprenez bien ; car, moi, vous savez, je n'aime pas beaucoup les curés. Non, une idée que j'ai comme ça, je ne peux pas vous dire pourquoi. Et, quand j'ai le malheur de penser à cette chose, ça m'empêche d'être brave.

XXII

Ce fut le soir, après souper, que la mère d'Yves me recommanda solennellement son fils, et cela resta toute la vie.

Elle avait bien compris, avec son instinct de mère, que je n'étais pas ce que je paraissais être et que je pourrais avoir sur la destinée de son dernier fils une influence souveraine.

— Elle dit, traduisait la jeune fille, que vous nous trompez, monsieur, et qu'Yves aussi nous trompe pour vous faire plaisir; que vous n'êtes pas quelqu'un comme nous autres... Et elle demande, puisque vous naviguez ensemble, si vous voudrez veiller sur lui.

Alors la vieille femme me commença l'histoire du père d'Yves, histoire que, par Yves lui-même, je connaissais déjà depuis longtemps. Je l'écoutai volontiers cependant, contée par cette jeune fille, devant la grande cheminée bretonne où la flamme dansait sur une souche de hêtre.

— ... Elle dit que notre père était un beau marin, si beau, qu'on n'avait jamais vu dans le pays un si bel homme marcher sur terre. Il est mort, nous laissant treize, treize enfants. Il est mort comme beaucoup de marins de nos pays, monsieur. Un dimanche qu'il avait bu, il est parti en mer le soir dans sa barque, malgré un grand vent qui soufflait du nord-ouest, et on ne l'a jamais vu revenir. Comme ses fils, il avait très bon cœur ; mais sa tête était bien mauvaise.

Et la pauvre mère regardait son fils Yves...

— Elle dit, continua la jeune fille, que mes parents habitaient Saint-Pol-de-Léon, dans le Finistère, qu'Yves avait un an, et que, moi, je n'étais pas encore venue quand notre père est mort ; alors elle a quitté cette ville pour retourner à Plouherzel en Goëlo, son pays natal. Mon père laissait nos affaires en grand désordre; presque tout l'argent que nous avions eu autrefois était passé au cabaret, et ma mère n'avait plus de pain à nous donner. C'est alors que nos deux frères aînés, Gildas et Goulven, sont partis comme mousses sur des navires au long cours.

» On ne les a pas beaucoup vus au pays depuis leur départ, et pourtant on ne peut pas dire qu'ils ne nous aimaient pas. Ils se sont souvent privés de leur paye de matelot pour permettre à notre mère de nous élever, nous les plus petits, Yves, ma sœur qui est ici, et puis moi.

» Mais Goulven a déserté, monsieur, il y a plus de quinze ans, par un mauvais coup de tête...

— Eux aussi, dit la vieille femme, sont de beaux et braves marins, leur cœur est franc comme l'or... Mais ils ont la tête de leur père, et déjà ils se sont mis à boire...

— Mon frère Gildas, reprit la jeune fille, a navigué sept ans à bord d'un américain pour faire, dans le Grand Océan, la pêche à la baleine. Cette campagne l'avait rendu très riche; mais il paraît que c'est un dur métier, n'est-ce pas, monsieur ?

— Oui, un dur métier, en effet... Je les ai vus à l'œuvre, dans le Grand Océan, ces marins-là, moitié baleiniers, moitié forbans, qui passent des années dans les grandes houles des mers australes sans aborder aucune terre habitée.

— Il était si riche, mon frère Gildas, quand il est revenu de cette pêche, qu'il avait un grand sac tout rempli de pièces d'or.

— Il les avait versées là sur mes genoux, dit la vieille femme en relevant les pans de sa robe, comme pour les retenir encore, et mon tablier en était plein. De grosses pièces d'or des autres pays, marquées de toute sorte de figures de rois et d'oiseaux [1]. Il y en avait de toutes neuves, qui représentaient le portrait d'une dame avec une couronne de plumes [2], et qui valaient seules plus de cent francs, monsieur. Jamais nous n'avions vu tant d'or... Il donna mille francs à chacune de ses sœurs, et mille à moi sa mère, et m'acheta cette

1. Les *condors* chiliens.
2. Vingt piastres de Californie (les baleiniers font d'ordinaire leurs économies en cette monnaie-là).

petite maison où nous demeurons. Il dépensa le reste à s'amuser à Paimpol et à faire des choses qui, certainement, n'étaient pas bien. Mais ils sont tous comme ça, monsieur, vous le savez mieux que moi. Pendant deux mois, on ne parlait que de lui dans la ville.

» Depuis il est reparti et nous ne l'avons pas revu. C'est un brave marin, monsieur, que mon fils Gildas; mais il est perdu comme son père parce que, lui aussi, s'est mis à boire.

Et la vieille femme courba douloureusement la tête en parlant de ce fléau sans remède qui dévore les familles des marins bretons.

Il y eut un silence, et elle parla de nouveau à sa fille d'une voix grave en me regardant.

— Elle demande, monsieur... si vous voulez lui faire cette promesse... au sujet de mon frère...

Ce regard anxieux, profond, fixé sur moi, me causait une impression étrange. C'est pourtant vrai que toutes les mères, quelles que soient les distances qui les séparent, ont, à certaines heures, des expressions pareilles... Maintenant il me semblait que cette mère d'Yves avait quelque chose de la mienne.

— Dites-lui que je jure de veiller sur lui *toute ma vie, comme s'il était mon frère.*

Et la jeune fille répéta, traduisant lentement en breton :

— Il jure de veiller sur lui toute sa vie, comme s'il était son frère.

Elle s'était levée, la vieille mère, toujours droite, rude, et brusque; elle avait pris au mur une image du Christ, et s'était avancée vers moi en me parlant comme pour me prendre au mot, là, avec une naïveté, une indiscrétion sauvages.

— C'est là-dessus, monsieur, qu'elle vous demande de jurer.

— Non, ma mère, non, dit Yves tout confus, qui essayait de s'interposer, de l'arrêter.

Moi, j'étendis le bras vers cette image du Christ, un peu surpris, un peu ému peut-être, et je répétai :

— Je jure de faire ce que je viens de dire.

Seulement mon bras tremblait légèrement, parce que je pressentais que l'engagement serait grave dans l'avenir.

Et puis je pris la main d'Yves, qui baissait la tête, rêveur :

— Et toi, tu m'obéiras, tu me suivras... *mon frère?*

Lui, répondit tout bas, hésitant, détournant les yeux, avec le sourire d'un enfant :

— Mais oui... bien sûr...

XXIII

Nous n'eûmes pas longtemps à dormir, cette nuit-là, *mon frère* et moi, dans notre lit en armoire.

Dès que le vieux coucou de la chaumière eut dit quatre heures de sa voix fêlée, vite, il fallut nous lever ; nous devions être à Paimpol avant le jour, pour y prendre à six heures la diligence de Guingamp.

A quatre heures et demie, ce triste matin d'hiver, la pauvre petite porte s'ouvre pour nous laisser sortir ; elle se referme sur un dernier baiser à Yves, de sa mère qui pleure, sur une dernière pression de main à moi. Nous nous éloignons tous deux dans la pluie froide et la nuit noire, et en voilà pour cinq ans.

Dans les familles de marins, c'est ainsi.

A mi-chemin nous entendons de loin sonner l'*Angelus* derrière nous à Plouherzel. Nous nous croyons en retard et nous nous mettons à courir, à courir. Nous avons le front baigné de sueur en arrivant à Paimpol.

Nous nous étions trompés ; on avait avancé l'heure de l'*Angelus*.

Nous trouvons asile dans un cabaret déjà ouvert, où nous déjeunons en compagnie d'*Islandais* et d'autres *frères de la côte*.

Et, le soir du même jour, à onze heures, nous arrivons à Brest pour reprendre la mer.

XXIV

J'avais conscience d'avoir accepté une lourde charge en adoptant ce frère insoumis, d'autant plus que je prenais très au sérieux mon serment.

Mais le sort nous sépara le surlendemain et mit bientôt entre nous deux la moitié de la terre.

Yves prit le large dans l'Atlantique, et, moi, je partis pour le Levant, pour Stamboul.

Ce fut seulement quinze mois plus tard, en mai 1877, que nous nous retrouvâmes à bord d'une certaine *Médée*, qui naviguait du côté de la Chine et des Indes.

XXV

A bord de la Médée, avril 1877.

— Ça me va comme des guêtres à un lapin, disait Yves d'un air d'enfant, en contemplant ses manches pagodes et sa robe de soie bleue de Birmanie.

C'était à Yé, ville de Siam, au bord du golfe de Bengale. Il était assis au fond d'une taverne de mariniers sur un escabeau d'une forme chinoise.

Il était très ivre, et, quand il eut ainsi souri de se voir vêtu comme un riche d'Asie, ses yeux devinrent sombres et éteints, sa lèvre contractée et dédaigneuse. A ces moments-là, il était capable de tout, comme dans ses anciens jours.

A côté de lui, il y avait le grand Kerboul, aussi gabier de misaine, qui venait de se faire apporter quinze verres d'une eau-de-vie très coûteuse de Singapoore, et les avait successivement vidés, puis brisés à coups de poing, avec le terrible sérieux de l'ivresse bretonne. Et les débris de ces quinze verres couvraient la table sur laquelle il venait de poser ses deux pieds.

Il y avait encore Barrada, le canonnier, toujours beau et tranquille, avec son sourire félin. Les gabiers l'avaient, par exception, invité à leur fête. Et puis Le Hello, Barazère, six autres du grand mât et quatre du beaupré, — tous se carrant, avec des airs superbes, dans des robes asiatiques.

Il y avait même Le Hir l'idiot, un de l'île de Sein, qu'ils avaient amené pour rire et qui buvait des ordures délayées dans son bol de rhum. Enfin deux forbans, deux *blackboules*, déserteurs de tous les pavillons, anciennes connaissances d'Yves, qui les avait, ce soir-là, ramassés tendrement sur la plage.

... C'était pour fêter sainte Épissoire, patronne des gabiers, qu'ils s'étaient rassemblés, et l'usage me commandait d'y paraître avec eux, comme officier de manœuvre.

Depuis un an, ils n'avaient pas mis le pied à terre. Et le commandant, qui était content de son équipage, leur avait permis, à eux, les meilleurs,

7.

de célébrer comme en France l'anniversaire de cette grande sainte; il avait choisi cette ville de Yé, parce qu'elle lui semblait pour nous la moins dangereuse, le peuple y étant plus inoffensif qu'ailleurs et plus *maniable*.

Dans cette salle, qui était vaste et basse, avec des murailles en papier, il y avait en même temps que nous une bande de matelots de commerce américains, qui buvaient avec des filles rousses à longues dents, échappées des lupanars de l'Inde anglaise.

Et ces intrus gênaient les gabiers, qui voulaient être seuls et le leur donnaient à entendre.

Onze heures. — Les bougies venaient d'être renouvelées dans les girandoles de couleur, tandis qu'au dehors la ville siamoise s'endormait dans la nuit chaude. Ici, on sentait qu'il y avait des coups de poings dans l'air, que les bras avaient besoin de se détendre et de frapper.

— Qu'est-ce que c'est? dit un des Américains qui avait l'accent de Marseille, qu'est-ce que c'est que ces Français qui viennent ici faire la loi? et celui-là qui est avec eux (*moi*), le plus jeune de tous, qui a l'air de poser et de les commander?

— Celui-là, dit Yves faisant mine de ne pas seulement daigner tourner la tête, celui-là, faudrait *qu'il aurait des moustaches*, celui qui y toucherait !

— Celui-là, dit Barrada, qui il est ? Attendez donc, nous allons vous l'apprendre, sans qu'il ait besoin de se déranger, et vous allez voir, enfants *si ça va reluire !*

... Yves leur avait déjà lancé son escabeau de forme chinoise, qui venait de crever le mur à toucher leurs têtes, et Barrada, d'un premier coup de poing, en avait chaviré deux. Les autres renversés sur les premiers, tous par terre, Kerboul assommait dans le tas, à grands coups de table, éparpillant sur les ennemis le débris de ses quinze verres.

Alors on entendit au dehors des gongs et des sonnettes, des frôlements de soie, de petits rires aigres de femmes.

Et les danseuses entrèrent. (Les gabiers s'étaient commandé des danseuses.)

... Ils s'arrêtèrent en les voyant paraître, car elles étaient étranges. Peintes comme des images chinoises, couvertes d'or et de pierres brillantes, des yeux à demi fermés, pareils à de petites fentes blanches, elles s'avançaient au milieu de nous avec des sourires de femmes mortes, tenant leurs bras en l'air et écartant leurs doigts grêles, dont les grands ongles étaient enfermés dans des étuis d'or.

En même temps, des odeurs de baume et d'encens ; on brûlait des baguettes dans un réchaud, et une fumée alanguissante se répandait comme un nuage bleu.

Les gongs sonnaient plus fort et ces fantômes dansaient, gardant leurs pieds immobiles, exécutant une espèce de mouvement rythmé du ventre avec des torsions de poignets. Toujours le sourire figé, le regard blanc des cadavres ; il semblait que cela seul eût vie en elles : ces gros reins cambrés de goule qu'agitaient des trémoussements lascifs, et puis, au bout des bras raidis, ces mains écartées, inquiétantes, qui se tordaient.

... Le Hello, qui, depuis longtemps, dormait par terre, entendant les gongs sonner si fort, se réveilla et eut peur.

— Té, pardi, les danseuses ! lui expliqua Barrada, gouailleur, riant de lui.

— Ah! oui, les danseuses!

Il s'était levé et de sa large patte, qui cherchait en l'air, incertaine, il essayait de rabattre ces bras tendus et ces griffes dorées, balbutiant, la langue épaisse :

— Faut pas, figure de paravent, faut pas montrer les mains comme ça, c'est vilain.. Je croyais que c'était... que c'était... le diable !

Et il retomba par terre, endormi.

Barrada, qui, lui, avait dépassé ce soir sa dose habituelle, leur reprochait d'avoir la peau jaune et leur parlait de la sienne qui était blanche. « Blanche! blanche! » il en rabâchait, de cette blancheur, qu'il s'exagérait beaucoup du reste, et voulait maintenant la leur faire voir. D'abord son bras, puis sa poitrine; il disait : « Tiens, regarde, si c'est vrai ! »

Elles, les poupées jaunes d'Asie, continuaient leurs lents et lugubres trémoussements de bête, gardant le mystère de leurs rictus et de leurs yeux blancs tirés vers les tempes. Et, à présent, lui, Barrada, complètement nu, dansait devant elles, ayant l'air d'un marbre grec qui aurait pris vie tout à coup pour quelque bacchanale antique.

... Mais les Birmanes, montées comme des automates, dansèrent longtemps, longtemps, plus longtemps que lui. Et, après, à la fin de la nuit, quand les gongs eurent fait silence, les matelots furent pris de frayeur à l'idée que ces femmes, payées pour leur plaisir, les attendaient. Les uns après les autres, ils s'en allèrent du côté de la plage n'osant pas les approcher.

XXVI

C'était le grand ami d'Yves, ce Barrada, qui s'était *débrouillé*, pour repartir une troisième fois sur le même navire que nous.

Enfant naturel, poussé à la belle étoile sur les quais de Bordeaux. Très vicieux, avec un bon cœur ; plein de contrastes, certaines notions premières de respect humain lui manquaient absolument ; son honneur, à lui, c'était d'être plus beau que les autres, plus leste et plus fort, plus *débrouillard* aussi. (*Débrouillard* et *débrouillage* sont deux mots qui résument presque à eux seuls toute la marine ; ils n'ont pas d'équivalents académiques.)

A jeunant salaire, ce Barrada professait à bord tous les genres d'exercices en usage parmi les matelots : boxe, canne, chausson, avec la gymnastique par-dessus le marché, et le chant, et la danse. Souple comme un clown; l'ami de tous les hercules de foire posant chez des sculpteurs ; luttant pour de l'argent chez des saltimbanques.

Au premier rang dans les fêtes de matelots, mais toujours en invité; buvant beaucoup, mais ne payant pas; buvant beaucoup, mais jamais trop, et passant au milieu de toutes les bacchanales, aussi droit, aussi souriant, aussi frais.

Il avait à tout des reparties gouailleuses que d'autres n'auraient pas trouvées; l'accent gascon les rendait plus drôles; et puis il terminait ses phrases par une espèce de son à lui : un demi-rire qui résonnait dans sa poitrine profonde comme ce rauquement des lions qui bâillent.

D'ailleurs, bon, reconnaissant, serviable pour tous et fidèle à ses amis; n'ayant jamais qu'une parole et répondant toujours avec la franchise renversante des enfants terribles.

Faisant argent de tout, par exemple, même de sa beauté à l'occasion. Et cela, naïvement, avec sa bonhomie de sauvage ; tellement que les autres, qui le savaient, lui pardonnaient comme à un plus enfant qu'eux. Yves se bornait à dire :

« Oh ! ça n'est pas joli, Barrada, je t'assure... » et ne lui en voulait pas non plus.

Tout cela s'amassait, s'amassait, se condensait en grosses pièces d'or cousues contre ses reins dans une ceinture de cuir. Et c'était pour en arriver, après son rengagement de cinq ans, à épouser une petite Espagnole qui faisait des modes, à Bordeaux, dans un beau magasin du passage Sainte-Catherine ; petite ouvrière très raffinée, dont il portait toujours sur lui une photographie de profil, avec des cheveux coupés sur le front et une élégante toque en fourrure, ornée d'une aile d'oiseau.

— Que voulez-vous ! c'est une *amitié* d'enfance ! disait-il, comme s'il eût été nécessaire de s'en excuser.

Et, en attendant cette petite fiancée, il s'abandonnait à beaucoup d'autres par intérêt souvent, quelquefois aussi par vraie bonté d'âme, à la manière d'Yves, pour ne pas faire de la peine.

XXVII

En mer, mai 1877.

Depuis deux jours, la grande voix sinistre gémissait autour de nous. Le ciel était très noir ; il était comme dans ce tableau où le Poussin a voulu peindre le déluge ; seulement toutes les nuées remuaient, tourmentées par un vent qui faisait peur.

Et cette grande voix s'enflait toujours, se faisait profonde, incessante : c'était comme une fureur qui s'exaspérait. Nous nous heurtions dans notre marche à d'énormes masses d'eau, qui s'enroulaient en volutes à crêtes blanches et qui passaient avec des airs de se poursuivre ; elles se ruaient sur nous de toutes leurs forces : alors c'étaient des secousses terribles et de grands bruits sourds.

Quelquefois la *Médée* se cabrait, leur montait dessus, comme prise, elle aussi, de fureur contre elles. Et puis elle retombait toujours, la tête en avant, dans des creux traîtres qui étaient derrière ; elle touchait le fond de ces espèces de vallées qu'on voyait s'ouvrir rapides, entre de hautes parois d'eau ; et on avait hâte de remonter encore, de sortir d'entre ces parois courbes, luisantes, verdâtres, près de se refermer.

Une pluie glacée rayait l'air en longues flèches blanches, fouettait, cuisait comme des coups de lanières. Nous nous étions rapprochés du nord, en nous élevant le long de la côte chinoise, et ce froid inattendu nous saisissait.

En haut, dans la mâture, on essayait de serrer les huniers, déjà au bas ris; la *cape* était déjà dure à tenir, et maintenant il fallait, coûte que coûte, marcher droit contre le vent, à cause de terres douteuses qui pouvaient être là, derrière nous.

Il y avait deux heures que les gabiers étaient à ce travail, aveuglés, cinglés, brûlés par tout ce qui leur tombait dessus, gerbes d'écume lancées de la mer, pluie et grêle lancées du ciel; essayant, avec leurs mains crispées de froid qui saignaient, de crocher dans cette toile raide et mouillée qui ballonnait sous le vent furieux.

Mais on ne se voyait plus, on ne s'entendait plus.

On en aurait eu assez rien que de se tenir pour n'être pas emporté, rien que de se cramponner à toutes ces choses remuantes, mouillées, glissantes d'eau; — et il fallait encore travailler en l'air sur ces vergues qui se secouaient, qui avaient des mouvements brusques, désordonnés, comme les derniers battements d'ailes d'un grand oiseau blessé qui râle.

Des cris d'angoisse venaient de là-haut, de cette espèce de grappe humaine suspendue. Cris d'hommes, cris rauques, plus sinistres que ceux des femmes, parce qu'on est moins habitué à les entendre; cris d'horrible douleur : une main prise quelque part, des doigts accrochés, qui se dépouillaient de leur chair ou s'arrachaient; — ou bien un malheureux, moins fort que les autres, crispé de froid, qui sentait qu'il ne se tenait plus, que le vertige venait, qu'il allait lâcher et tomber. Et les autres, par pitié, l'attachaient, pour essayer de l'affaler jusqu'en bas.

... Il y avait deux heures que cela durait; ils étaient épuisés; ils ne pouvaient plus.

Alors on les fit descendre, pour envoyer à leur place ceux du bâbord qui étaient plus reposés et qui avaient moins froid.

... Ils descendirent, blêmes, mouillés, l'eau glacée leur ruisselant dans la poitrine et dans le dos, les mains sanglantes, les ongles décollés, les dents qui claquaient. Depuis deux jours on vivait dans l'eau, on avait à peine mangé, à peine dormi, et la force des hommes diminuait.

C'est cette longue attente, cette longue fatigue dans le froid humide, qui sont les vraies horreurs de la mer. Souvent les pauvres mourants, avant de rendre leur dernier cri, leur dernier hoquet d'agonie, sont restés des jours et des nuits, trempés, salis, couverts d'une couche boueuse de sueur froide et de sel, d'un magma de mort.

... Le grand bruit augmentait toujours. Il y avait des moments où ça sifflait aigre et strident, comme dans un paroxysme d'exaspération méchante ; et puis d'autres où cela devenait grave, caverneux, puissant comme des sons immenses de cataclysme. Et on sautait toujours d'une lame à l'autre, et, à part la mer qui gardait encore sa mauvaise blancheur de bave et d'écume, tout devenait plus noir. Un crépuscule glacial tombait sur nous ; derrière ces rideaux sombres, derrière toutes ces masses d'eau qui étaient dans le ciel, le soleil venait de disparaître, parce que c'était l'heure ; il nous abandonnait, et il allait falloir se débrouiller dans cette nuit...

... Yves était monté avec les bâbordais dans ce désarroi de la mâture, et alors je regardais en haut, aveuglé moi aussi, ne percevant plus que par instants la grappe humaine en l'air.

Et tout à coup, dans une plus grande secousse, la silhouette de cette grappe se rompit brusquement, changea de forme ; deux corps s'en détachèrent, et tombèrent les bras écartés dans les volutes mugissantes de la mer, tandis qu'un autre s'aplatit sur le pont, sans cri, comme serait tombé un homme déjà mort.

— Encore le *marchepied* cassé ! dit le maître de quart, en frappant du pied avec rage. Du filin pourri, qu'ils nous ont donné dans ce sale port de Brest ! Le grand Kerboul, à la mer. Le second, qui est-ce ?

D'autres, raccrochés par les mains à des cordages, un instant balancés dans le vide, remontaient maintenant, à la force des poignets, en se dépêchant, — très vite, comme des singes.

Je reconnus Yves, un de ceux qui grimpaient, — et alors, je repris ma respiration, que l'angoisse avait coupée.

Ceux qui étaient à la mer, on jeta bien des

bouées pour eux, — mais à quoi bon ? — On aimait encore mieux ne plus les voir reparaître, car alors, à cause de ce danger de *tomber en travers à la lame*, on n'aurait pas pu s'arrêter pour les reprendre, et il aurait fallu avoir ce courage horrible de les abandonner. Seulement on fit l'appel de ceux qui restaient, pour savoir le nom du second qu'on avait perdu : c'était un petit novice très sage, que sa mère, une veuve déjà âgée, était venue recommander au maître avant le départ de France.

L'autre, celui qui s'était écrasé sur le pont, on le descendit tant bien que mal, à quatre, en le faisant encore tomber en route ; on le porta dans l'infirmerie, qui était devenue un cloaque immonde, où bouillonnaient deux pieds d'eau boueuse et noire, avec des fioles brisées, des odeurs de tous les remèdes répandus. Pas même un endroit où le laisser finir en paix ; la mer n'avait seulement pas de pitié pour ce mourant, elle continuait de le faire danser, de le *sauter* de plus belle. Il avait retrouvé une espèce de son de la gorge, un râlement qui sortait encore, perdu dans tous les grands bruits des choses. On aurait peut-être pu le secourir, prolonger son agonie, avec un peu de calme. Mais il mourut là assez vite, entre les mains d'infirmiers devenus stupides de peur, qui voulaient le faire manger.

Huit heures du soir. — A ce moment, la charge du quart était lourde, et c'était à mon tour de la prendre.

On se tenait comme on pouvait. On ne voyait plus rien. On était au milieu de tant de bruit, que la voix des hommes semblait n'avoir plus aucun son ; les sifflets d'argent, forcés à pleine poitrine, perçaient mieux, comme des chants flûtés de tout petits oiseaux.

On entendait des coups terribles frappés contre les murailles du navire comme par des béliers énormes. Toujours les grands trous qui se creusaient, tout béants, partout ; on s'y sentait jeté, tête baissée, dans la nuit profonde. Et puis une force vous heurtait d'une poussée brutale, vous relançait très haut en l'air, et toute la *Médée* vibrait, en ressautant, comme un monstrueux tambour. Alors, on avait beau se cramponner, on se sentait rebondir, et vite on se recramponnait plus fort, en fermant la bouche et les yeux, parce qu'on devinait d'instinct, sans voir, que c'était le moment où une épaisse masse d'eau allait balayer l'air et peut-être vous balayer aussi.

Toujours cela recommençait, ces chutes en avant, et puis ces sauts avec l'affreux bruit de tambour.

Et, après chacun de ces chocs, il y avait encore des ruissellements de l'eau qui retombait de partout, et mille objets qui se brisaient, mille caissons qui roulaient dans l'obscurité, tout cela prolongeant en queue sinistre l'effroi du premier grand bruit.

... Et les gabiers, et mon pauvre Yves, que faisaient-ils là-haut? Les mâts, les vergues, on les apercevait par instants, dans le noir, en silhouettes, quand on pouvait encore regarder à travers cette douleur cuisante que causait la grêle; on apercevait ces formes de grandes croix, à deux étages comme les croix russes, agitées dans l'ombre avec des mouvements de détresse, des gestes fous.

— Faites-les descendre, me dit le commandant, qui préférait le danger de ce hunier non serré à la peur de perdre encore des hommes.

Je le donnai vite, avec joie, cet ordre-là. Mais Yves, d'en haut, me répondit à l'aide de son sifflet, que c'était presque fini; plus que la *jarretière du point*, qui était cassée, à remplacer par un *bout* quelconque, et puis ils allaient tous descendre, ayant serré leur voile, achevé leur ouvrage.

... Après, quand ils furent tous en bas et au complet, je respirai mieux. Plus d'hommes en l'air, plus rien à faire là-haut, plus qu'à attendre. Oh! alors, je trouvai qu'il faisait presque beau, qu'on était presque bien sur cette passerelle, à présent qu'on m'avait enlevé le poids si lourd de cette inquiétude.

XXVIII

... *Minuit*, — la fin du quart, — l'heure d'aller se chercher un abri.

En bas, dans la batterie calfeutrée, c'était la tempête avec ses dessous de misère, avec ses réalités pitoyables.

D'un bout à l'autre, on voyait cette sorte de longue halle sombre, à demi éclairée par les fanaux qui vacillaient. Les gros canons, appuyés sur leurs *jambes de force*, se tenaient tant bien que mal, cordés par des câbles de fer. Et tout ce lieu remuait; il avait les mouvements d'une chose qu'on secouerait dans un crible, qu'on secouerait sans trêve, sans merci, perpétuellement, avec une rage aveugle; il craquait de partout, il avait des tressaillements de chose animée qui souffre, tiraillé, exténué, comme près de s'éventrer et de mourir.

Et les grandes eaux du dehors, qui voulaient entrer, filtraient çà et là en filets, en gerbes sinistres.

On se sentait soulevé si vite, que les jambes pliaient, — et puis les choses se dérobaient, les choses s'enfonçaient sous les pas, — et on descendait avec tout, en se raidissant malgré soi comme pour une espèce de résistance.

Il y avait des sons aigres, faux, étonnants, qui sortaient de partout; toute cette membrure en forme d'oiseau de mer qui était la *Médée* se disjoignait peu à peu, en gémissant sous l'effort terrible. Et, dehors, derrière le mur de bois, toujours le même grand bruit sourd, la même grande voix d'épouvante.

Mais tout tenait bon quand même : la longue batterie demeurait intacte, on la voyait toujours d'un bout à l'autre, par moment toute penchée, à demi retournée, ou bien se redressant toute droite avec une secousse, ayant l'air plus longue encore dans cette obscurité où les fanaux étaient perdus, paraissant se déformer et grandir, dans tout ce bruit, comme un lieu vague de rêve...

Au plafond très bas étaient pendues d'interminables rangées de poches en toile gonflées toutes par un contenu lourd, ayant l'air de ces nids que les araignées accrochent aux murailles, — des poches grises enfermant chacune un être humain, des hamacs de matelots.

Çà et là, on voyait pendre un bras, ou une jambe nue. Les uns dormaient bien, épuisés par les fatigues ; d'autres s'agitaient et parlaient tout haut dans de mauvais songes. Et tous ces hamacs gris se balançaient, se frôlaient dans un mouvement perpétuel ; ou bien se heurtaient durement et les têtes se blessaient.

Sur le plancher, au-dessous des pauvres dormeurs, c'était un lac d'eau noire qui roulait de droite et de gauche, entraînant des vêtements souillés, des morceaux de pain ou de biscuit, des soupes chavirées, toute sorte de détritus et de déjections immondes. Et, de temps en temps, on voyait des hommes hâves, défaits, demi-nus, grelottants avec leur chemise mouillée, qui erraient sous ces rangées de hamacs gris, cherchant le leur, eux aussi, cherchant leur pauvre couchette suspendue, leur seul gîte un peu chaud, un peu sec, où ils allaient trouver une espèce de repos. Ils passaient en titubant, s'accrochant pour ne pas tomber, et heurtant de la tête ceux qui dormaient : chacun pour soi en pareil cas, on ne prend plus garde à personne. Leurs pieds glissaient dans les flaques d'eau et d'immondices ; ils étaient insouciants de leur malpropreté comme des animaux en détresse.

Une buée lourde à respirer emplissait cette batterie ; toutes ces ordures qui roulaient par terre donnaient l'impression d'un repaire de bêtes malades, et on sentait cette puanteur âcre qui est particulière aux bas-fonds des navires pendant les mauvais jours de la mer.

A minuit, Yves, lui aussi, descendit dans la batterie avec les autres gabiers de bâbord ; ils avaient fait un supplément de quart d'une heure, à cause des embarcations qu'il avait fallu *ressaisir*. Ils se coulèrent par le panneau entre-bâillé qui se referma sur eux et vinrent se mêler à cette misère flottante.

Ils avaient passé cinq heures à leur rude travail, balancés dans le vide, éventés par les grands souffles furieux de là-haut, et tout trempés par cette pluie fouettante qui leur avait brûlé le visage. Ils firent une grimace de dégoût en pénétrant dans ce lieu fermé où l'air sentait la mort.

Yves disait, avec son grand air dédaigneux :

— Pour sûr, c'est encore ces *Parisiens*[1] qui nous ont apporté la peste ici.

Ils n'étaient pas malades, eux qui étaient de vrais matelots ; ils avaient encore la poitrine dilatée par tout ce vent de la hune, et la fatigue saine qu'ils venaient d'endurer allait leur donner un peu de bon sommeil.

Ils marchaient sur les boucles, sur les taquets,

1. *Parisien*, une injure qu'emploient les matelots ; cela signifie : pas marin, pas solide, malade.

sur les bouts des affûts, avec précaution, pour éviter l'eau boueuse et les ordures, — posant leurs pieds nus sur toutes les saillies, se perchant avec des frayeurs de chatte. Près de leurs hamacs, ils se déshabillèrent, suspendant leurs bonnets, suspendant leurs grands couteaux à chaîne de cuir, leurs vêtements trempés, suspendant tout, et se suspendant eux-mêmes ; et quand ils furent nus, ils époussetèrent de la main un peu d'eau qui ruisselait encore sur leur poitrine dure.

Après quoi, ils s'enlevèrent au plafond avec une légèreté de clown, et s'étendirent, tout contre les poutres blanches, dans leur étroite couchette de toile. En haut, au-dessus d'eux, après chaque grande secousse, on entendait comme le passage d'une cataracte ; c'étaient les lames, les grandes masses d'eau qui balayaient le pont. Mais la rangée de leurs hamacs prit quand même le balancement lourd des rangées voisines en grinçant sur les crocs de fer, et eux s'endormirent profondément au milieu du grand bruit terrible.

... Bientôt, autour du hamac d'Yves, les femmes birmanes vinrent danser. Au milieu du nuage d'encens, rendu plus ténébreux par le rêve, elles arrivèrent l'une après l'autre avec leur sourire mort, en d'étranges costumes de soie, toutes couvertes de pierreries.

Elles balançaient leurs hanches mollement, au son du gong, tenant leurs mains en l'air et leurs doigts écartés comme les fantômes. Elles avaient des contournements épileptiques des poignets, qui faisaient s'enchevêtrer leurs longues griffes enfermées dans des étuis d'or.

Le gong, c'était la tempête qui en jouait, dehors, contre les murailles...

XXIX

Moi aussi, à minuit, quand j'eus fini mon quart et vu descendre Yves, je rentrai dans ma chambre pour essayer de dormir. Après tout, cela ne nous regardait plus ni l'un ni l'autre, le sort du navire; nous avions fourni notre temps de veille et de travail. Nous pouvions nous coucher maintenant avec cette insouciance absolue qu'on a sur mer lorsque les heures de service sont finies.

Dans ma chambre à moi, qui était sur le pont,

l'air ne manquait pas, — au contraire. Par les vitres brisées, toutes les rafales et la pluie furieuse pouvaient entrer; les rideaux se tordaient en spirales et montaient au plafond avec des bruits d'ailes.

Comme Yves, je suspendis mes vêtements mouillés. L'eau ruisselait sur ma poitrine.

On n'était guère bien dans ma couchette, j'y fus vite endormi pourtant, par excès de fatigue. Roulé, secoué, à demi chaviré, je me sentais m'en aller de droite et de gauche, et ma tête se heurtait sur le bois, douloureusement. J'avais conscience de tout cela dans mon sommeil, mais je dormais. Je dormais et je rêvais d'Yves. — De l'avoir vu tomber, dans le jour, cela m'avait laissé une espèce d'inquiétude et comme la notion vague d'avoir été frôlé de près par une chose sinistre.

Je rêvais que j'étais couché dans un hamac, comme autrefois au temps de mes premières années de mer. Le hamac de Yves était près du mien. Nous étions balancés terriblement, et le sien se décrochait. Au-dessous de nous, il y avait une agitation confuse de quelque chose de noir qui devait être l'eau profonde, — et lui, allait tomber là dedans.

Alors je cherchais à le retenir avec mes mains, qui n'avaient plus de force, qui étaient molles comme dans les rêves. J'essayais de le prendre à bras-le-corps, de nouer mes mains autour de sa poitrine, me rappelant que sa mère me l'avait confié ; et je comprenais avec angoisse que je ne le pouvais pas, que je n'en étais plus capable; il allait m'échapper et disparaître dans tout ce noir mourant qui bruissait au-dessous de nous... Et puis ce qui me faisait peur, c'est qu'il ne se réveillait pas et qu'il était glacé, d'un froid qui me pénétrait moi aussi, jusqu'à la moelle des os ; même, la toile de son hamac était devenue rigide comme la gaine d'une momie...

Et je sentais dans ma tête les vraies secousses, la vraie douleur de tous ces chocs, je mêlais ce réel avec l'imaginaire de mon rêve, comme il arrive dans les états d'extrême fatigue, et alors la vision sinistre en prenait d'autant plus d'intensité et de vie.

Ensuite, je perdis conscience de tout, même du mouvement et du bruit, et ce fut alors seulement que le repos commença...

... Quand je me réveillai, c'était le matin. La première lumière était de cette couleur jaune qui est particulière aux levers du soleil les jours de tempête et on entendait toujours le même grand bruit.

Yves venait d'entr'ouvrir ma porte et me regardait. Il était arc-bouté dans l'ouverture, se tenant d'une main, penchant son torse en avant et en arrière, suivant les besoins de l'instant, pour conserver son équilibre. Il avait repris ses pauvres vêtements mouillés, et il était tout couvert du sel de la mer, qui s'était déposé dans ses cheveux, dans sa barbe comme une poussière blanche.

Il souriait, l'air tranquille et très doux.

— J'avais envie de vous voir, dit-il; c'est que j'ai beaucoup rêvé sur vous cette nuit. Tout le temps j'ai vu ces bonnes femmes de Birmanie avec leurs grands ongles en or, vous savez? Elles vous entouraient avec leurs mauvaises singeries, et je ne pouvais pas réussir à les renvoyer. Après cela, elles voulaient vous manger. Heureusement qu'on a sonné le branle-bas; j'en étais tout en sueur de la peur que ça me faisait...

— Ma foi, moi aussi, je suis content de te voir, mon pauvre Yves; car, de mon côté, *j'ai beaucoup rêvé sur toi...* Est-ce qu'il fait toujours aussi mauvais qu'hier?

— Peut-être un peu plus *maniable*. Et puis voilà

le jour. Tant qu'il fait clair, vous savez? c'est toujours mieux pour travailler dans la mâture. Mais, quand il fait aussi noir que dans le trou du diable, comme cette nuit, ça ne va pas du tout.

Yves promena un regard de satisfaction tout autour de ma chambre, installée par lui en prévision du gros temps. Rien n'avait bougé, grâce à son arrangement. Par terre, c'était bien un lac d'eau salée sur lequel diverses choses flottaient; mais les objets auxquels je tenais un peu étaient restés suspendus ou fixés, comme les meubles, aux panneaux des murs par des clous et des cornières de fer. Tout était cordé, ficelé, attaché avec un soin extrême au moyen de cordes goudronnées de toutes les grosseurs. On voyait des armes, des bronzes noués avec des vêtements dans un pêle-mêle bizarre. Des masques japonais à longue chevelure humaine nous regardaient à travers des treillis de ficelle au goudron; ils avaient le même rire lointain, le même tirement d'yeux que ces femmes birmanes aux ongles d'or qui avaient voulu me manger dans le rêve d'Yves...

... Une sonnerie de clairon tout à coup, alerte et joyeuse : *le rappel au lavage!*

Ce clairon avait des vibrations grêles, un peu argentines, dans ce beuglement formidable du vent.

Laver le pont quand les lames déferlent dessus, cela semblerait une opération très insensée à des gens de terre. Nous, nous ne trouvions pas cela trop extraordinaire; cela se fait tous les matins, ce lavage, toujours et quand même; c'est une des règles primordiales de la vie maritime. Et Yves me quitta en disant, comme s'il se fût agi de la chose du monde la plus naturelle :

— Ah!... je m'en vais à *mon poste de propreté*, alors...

Cependant ce clairon avait péché par excès de zèle et sonné sans ordre, à son heure habituelle; car on ne lava pas le pont ce matin-là.

... On sentait bien que c'était plus *maniable*, comme disait Yves : les mouvements était plus allongés, plus réguliers, plus semblables à des balancements de houle. La mer était moins dure, et on n'entendait plus tant de ces grands chocs au bruit profond et sourd.

Et puis le jour arrivait, — un vilain jour, il est vrai, une étrange lividité jaune, mais enfin c'était le jour, moins sinistre que la nuit.

... Notre heure n'était pas venue sans doute; car le surlendemain, nous retrouvâmes le calme dans un port, en Chine, à Hong-Kong.

XXX

Septembre 1877.

La *Médée* a rebroussé chemin depuis longtemps.

Tous les vents, tous les courants l'ont favorisée. Elle a marché, marché si vite, pendant des jours et des nuits, qu'on en a perdu la notion des lieux et des distances. Vaguement on a vu passer le détroit de Malacca, franchi à la course ; la mer Rouge, remontée à la vapeur dans un éblouissement de soleil ; puis la pointe de Sicile, et enfin le grand lion couché de Gibraltar. Maintenant on veille l'horizon, et la première terre qui paraîtra tout à l'heure sera une terre bretonne.

Je suis arrivé moi, sur cette *Médée*, juste pour finir la campagne, et, cette fois, ma promenade avec Yves n'aura pas duré cinq mois.

Au milieu de l'étendue grise, il y a maintenant des traînées blanches ; puis une tour avec de petits îlots sombres, éparpillés ; tout cela encore très lointain et à peine visible, sous le mauvais jour terne qui nous enveloppe.

Nous nous figurions sans peine être encore là-bas, dans cette extrême Asie, que nous avons quittée hier ; car les choses à bord n'ont pas changé de place, ni les visages non plus. Nous sommes toujours encombrés de chinoiseries ; nous continuons à manger des fruits cueillis là-bas et encore verts ; nous traînons avec nous des odeurs chinoises.

Mais pas du tout ; notre maison s'est déplacée singulièrement vite ; cette tour et ces îlots, ce sont les Pierres-Noires ; Brest est là tout près, et, avant la nuit, nous y serons entrés.

... Toujours une émotion de souvenir quand reparaît cette grande rade de Brest, imposante et solennelle, et ces grands navires de la marine à voiles qu'on est déshabitué de voir ailleurs. Toutes mes premières impressions de marine, toutes mes premières impressions de Bretagne, — et puis enfin c'est la France.

Le *Borda*, là-bas ; je le regarde et je retrouve dans ma mémoire le bureau sur lequel j'ai passé, accoudé, de longues heures d'étude; et le tableau noir sur lequel j'écrivais fiévreusement, avant l'examen, les formules compliquées de la mécanique et de l'astronomie.

Yves, à cette époque, était un petit garçon qu'on eût dit sérieux et sage, un petit novice breton, à la figure douce, qui habitait le vaisseau d'à côté, la *Bretagne*, le voisin et le compagnon du *Borda*. Nous étions des enfants alors, — aujourd'hui des hommes faits, — demain... la vieillesse, — après-demain, mourir.

XXXI

Dimanche, jour de grande *soûlerie* dans Brest.

Dix heures du soir. — Nuit calme, clair de lune sur la mer tranquille; à bord de la *Médée*, les matelots ont fini de chanter leurs longues chansons, et le silence vient de se faire.

Depuis la tombée de la nuit, mes yeux sont tournés vers les lumières de la ville. J'attends avec inquiétude cette chaloupe dont Yves est le patron : elle est allée à terre et ne revient pas.

Enfin, voici son feu rouge qui s'avance, en retard de deux heures!

La mer est sonore la nuit ; déjà on entend des cris qui se mêlent au bruit des avirons ; il doit se passer dans cette chaloupe d'étranges choses.

... Elle est à peine accostée; trois maîtres ivres, furieux, se précipitent à bord et me demandent la tête d'Yves :

— Qu'on le mette aux fers pour commencer ; qu'on le juge et qu'on le fusille après, car il a frappé ses supérieurs en service.

Yves est là debout, tremblant de la lutte qu'il vient de soutenir. Ces trois maîtres l'ont battu, ou du moins ont essayé de le battre.

— Ils croyaient me faire du mal! dit-il avec mépris; et il jure qu'il n'a pas rendu les coups de ces trois vieux ; d'ailleurs, il les eût chavirés ensemble du revers de sa main. Non : il les a laissés s'accrocher à lui et le déchirer; ils lui ont égratigné le visage et mis ses vêtements en lambeaux, parce qu'il refusait de leur laisser conduire la chaloupe, à eux qui étaient ivres.

Tous les chaloupiers aussi sont ivres, par la faute d'Yves, qui les a laissés boire.

... Et les trois maîtres se tiennent toujours là, tout près de lui, continuant de crier, de l'injurier, de le menacer, trois vieux ivrognes, grotesques dans leur bégaiement de fureur, et qui seraient très risibles si la discipline, implacable, n'était pas derrière eux pour rendre cette scène affreusement grave.

Yves, debout, les poings serrés, les cheveux tombés sur le front, la chemise déchirée, la poitrine toute nue, à bout de courage pour endurer ces injures, prêt à frapper, en appelle à moi du regard, dans sa détresse.

O la discipline militaire! à certaines heures, elle est bien lourde. Je suis l'officier de quart, moi, et il est contre toutes les règles que je m'en mêle autrement que par des paroles calmes, et en les remettant tous à la justice du capitaine d'armes.

Contre toutes les règles, aussi, je saute à bas de la passerelle et je me jette sur Yves ; — il était temps ! — Je passe mes bras autour de ses bras à lui, que j'arrête ainsi dans les miens au moment terrible où ils allaient frapper.

Et je les regarde, les autres, qui alors, en présence de ce renversement de la situation, battent en retraite comme des chiens devant leur maître.

Heureusement c'est la nuit, et il n'y a pas de témoins. Les chaloupiers, seuls, — et ils sont ivres. — Puis, d'ailleurs, je suis sûr d'eux : ce sont de braves enfants, et, s'il faut aller devant un conseil, ils ne nous chargeront pas.

... Alors je prends Yves par les épaules, et, passant devant ses trois ennemis, qui se rangent pour nous faire place, je l'emmène dans ma chambre et l'y renferme à double tour. Là, pour le moment, il est en sûreté.

On m'appelle chez le commandant, que tout ce bruit a réveillé. Hélas ! il faut le lui expliquer.

Et j'explique, en atténuant le plus possible la faute de mon pauvre Yves. J'explique; après, pendant quelques mortelles minutes, je supplie : je crois que je n'avais supplié de ma vie, il me semble que ce n'est plus moi qui parle. Et tout ce que je puis dire ou faire vient se briser contre le raisonnement glacial de cet homme qui tient entre ses mains cette existence d'Yves, qu'on m'a confiée.

J'ai bien réussi là-haut à écarter le plus grave, la question de coups donnés à des supérieurs; mais restent les outrages et le refus d'obéissance. Yves a fait tout cela : dans le fond, c'est peut-être inique et révoltant ; dans la lettre, c'est vrai.

Ordre de le mettre aux fers tout de suite, pour commencer, et de l'y envoyer conduire par la garde, à cause de ce bruit et de ce scandale.

Pauvre Yves ! c'était la fatalité acharnée contre lui, car, cette fois, il n'était pas bien coupable. Et tout cela arrivait maintenant qu'il était plus sage, maintenant qu'il faisait de grands efforts pour ne plus boire et se bien conduire.

XXXII

Quand je revins dans ma chambre lui dire qu'on allait le mettre aux fers, je le trouvai assis sur mon lit, les poings fermés, les dents serrées de rage. Sa mauvaise tête de Breton avait pris le dessus.

En frappant du pied, il déclara qu'il n'irait pas, — c'était trop injuste ! — à moins qu'on ne l'y portât de force, et encore il démolirait les premiers qui viendraient pour le prendre.

Alors, pour tout de bon, je le vis perdu, et

l'angoisse commença à m'étreindre le cœur. Que faire ? Les hommes de garde étaient là, derrière ma porte, attendant pour l'emmener, et je n'osais pas ouvrir; les secondes et les instants s'envolaient, et ce que je faisais n'avait plus de nom.

Une idée me vint, tout à coup : je le priai très doucement, au nom de sa mère, lui rappelant mon serment, et, pour la seconde fois de ma vie, l'appelant mon frère.

Yves pleura. C'était fini ; il était vaincu et docile.

Je jetai de l'eau sur son front, je rajustai un peu sa chemise et j'ouvris ma porte. Tout cela n'avait pas duré trois minutes.

Les hommes de garde parurent. Lui se leva et les suivit, doux comme un enfant. Il se retourna pour me sourire, alla répondre avec calme à l'interrogatoire du commandant, et se rendit tranquillement à la cale pour se faire mettre aux fers.

... Vers minuit, quand ce quart pénible fut terminé, j'allai me coucher, envoyant à Yves une couverture et un manteau. (Il faisait déjà froid cette nuit-là.) C'était, dans mon impuissance, tout ce que je pouvais encore pour lui.

XXXIII

Le lendemain, un lundi, le commandant me fit appeler dès le matin, et j'entrai chez lui avec un sentiment de rancune dans le cœur, avec des paroles âpres toutes prêtes que je lui aurais lancées dès l'abord pour me venger de mes supplications d'hier si je n'avais pas craint d'aggraver le sort d'Yves.

Je m'étais trompé cependant : il avait été touché la veille et m'avait compris.

— Vous pouvez aller trouver votre ami. Sermonnez-le un peu tout de même, et dites-lui que je lui pardonne. L'affaire ne sortira pas du bord et se réglera par une simple punition disciplinaire. Huit jours de fers, et ce sera tout. J'inflige aux trois maîtres, sur votre demande, une punition équivalente, huit jours d'arrêts forcés. Je fais cela pour vous, qui le traitez en frère, et pour lui aussi, qui est, après tout, le meilleur homme du bord.

Et je m'en allai autrement que je n'étais venu, emportant pour lui de la reconnaissance et de l'affection.

XXXIV

Un coin de la cale de la *Médée*, en plein désarmement dans le plus grand désarroi. Un fanal éclaire un vaste fouillis d'objets hétérogènes plus ou moins grignotés par les rats.

Une douzaine de matelots, — Barrada, Guiaberry, Barazère, Le Hello, toute la bande des amis, — entourent un homme couché par terre. C'est Yves qui est aux fers, étendu sur les planches humides, la tête appuyée sur son coude, le pied pris dans l'anneau à cadenas de la *barre de justice*.

Son ennemi le plus acharné des trois, maître Lagatut, est devant lui, qui le menace avec sa vieille voix d'ivrogne. Il le menace d'une revanche de cette histoire de chaloupe, dans laquelle, à son gré, j'ai trop mis la main.

Il a quitté ses arrêts pour venir l'injurier; — et, moi qui suis de quart et qui fais une ronde, j'arrive par derrière et je le trouve là, — comme il est de bonne prise ! — Les matelots, qui me voient venir, rient tout doucement, dans leur barbe, en songeant à ce qui va se passer. Yves, lui, ne répond rien, se contentant de se coucher sur l'autre côté et de lui tourner le dos avec une suprême insolence ; lui aussi m'a vu venir.

— Nous avons commencé une partie d'écarté ensemble, dit maître Lagatut ; — vous, Kermadec, quartier-maître de manœuvre ; moi, Lagatut, premier-maître canonnier, décoré de la Légion d'honneur. — Grâce à des officiers qui vous protègent, vous avez fait les deux premières levées : reste à savoir qui va faire les trois autres.

— Maître Lagatut, dis-je par derrière, nous jouerons cela à trois, si vous voulez bien : un *rams*, ce sera plus gai. Et toi, mon bon Yves, marque encore une levée.

Une poule qui trouve un couteau, un voleur qui trébuche sur un gendarme, une souris qui, par mégarde, pose la patte sur un chat, n'ont pas la mine plus longue que maître Lagatut.

… Ce n'était peut-être pas très correct, cette plaisanterie que je venais de faire. Mais la galerie, qui nous était très sympathique, jouissait beaucoup de ce triomphe d'Yves.

XXXV

Huit jours après, c'était fini de notre frégate : désarmée au fond de l'arsenal, son équipage dispersé, autant dire un navire mort.

Je m'en allais, et Yves venait m'accompagner au chemin de fer. La gare était encombrée de matelots : tous ceux de la *Médée*, qui partaient aussi ; d'autres encore, en bordée, venus pour les reconduire.

Parmi eux, beaucoup d'anciennes connaissances à nous, des protégés, des amis d'Yves. Et tous ces braves gens, un peu gris, mettaient bas leur bonnet, nous faisant leurs adieux avec effusion. C'étaient les scènes habituelles de tous les désarmements : un bateau qui finit, c'est quelque chose à part ; c'est l'explosion de toutes les reconnaissances et de toutes les rancunes, de toutes les haines et de toutes les sympathies.

... A l'entrée des salles d'attente, en serrant les mains d'Yves, je lui disais :

— M'écriras-tu au moins ?

Et lui répondait :

— Je vais vous expliquer (et il hésitait toujours, avec un sourire doux et intimidé). Eh bien, voilà, je vais vous expliquer : c'est que je ne sais pas comment vous mettre au commencement.

En effet, les appellations de *capitaine, cher capitaine,* et autres du même genre, ne pourraient plus nous aller. Alors, quoi ? Je répondis :

— Eh bien, mais c'est très simple... (Et je cherche longtemps cette chose simple, ne trouvant pas du tout. C'est très simple, tu mettras... tu mettras : *Mon frère,* ce sera vrai d'abord et, en style épistolaire, ce sera très convenable.

XXXVI

Il y avait environ six semaines que la *Médée* avait été désarmée à Brest et que j'étais séparé d'Yves, quand un jour, à Athènes, je crois, je reçus cette surprenante lettre :

« Brest, 15 septembre 1877.

» Mon bon frère,

» Je vous écris ces quelques mots, bien à courir,

pour vous faire savoir que je me suis marié hier.
Et, ma foi, j'aurais bien pu vous demander conseil
auparavant ; mais, vous comprenez, je n'avais pas
du tout de temps à perdre, étant désigné pour faire
la campagne de la *Cornélie* et n'ayant que huit
jours devant moi à passer avec ma femme.

» Je pense que vous trouverez, vous aussi,
mon bon frère, que cela vaut bien mieux que
d'être toujours à courir, comme vous savez, d'un
bord et de l'autre. Ma femme s'appelle Marie Keremenen ; je vous dirai qu'elle me plaît beaucoup,
et je crois que nous irions très bien ensemble si
seulement je pouvais rester.

» Je vous écrirai un peu plus long avant de partir,
mon bon frère, et je vous promets que je suis bien
triste de m'embarquer cette fois sans vous.

» Je termine en vous embrassant de tout mon
cœur.

» Votre frère qui vous aime.

» A vous,

» YVES KERMADEC. »

« P.-S. — Je viens d'apprendre que ma desti-
nation est changée ; j'embarque sur l'*Ariane*, qui

ne part qu'à la mi-novembre. Cela me donne près de deux mois à passer avec ma femme ; nous aurons tout à fait le temps de faire connaissance, et vous pensez que je suis bien content.

... Au retour de leurs campagnes, les matelots font mille extravagances avec leur argent ; c'est de règle. Les villes maritimes connaissent leurs excentricités un peu sauvages.

Quelquefois même ils épousent, en manière de passe-temps, des femmes quelconques pour avoir une occasion de mettre une redingote noire.

Et Yves, lui, qui avait déjà épuisé autrefois tous les genres de sottises, pour changer, avait fini par un mariage.

Yves marié !... Et avec qui, mon Dieu ?... Peut-être quelque effrontée de la ville, ramassée au hasard dans un moment où il était gris !

J'avais sujet d'être très inquiet, me rappelant certaine créature en chapeau à plumes qu'il avait failli épouser par distraction, — à vingt ans, — dans cette même ville de Brest.

XXXVII

Deux mois plus tard, quand cette *Ariane* fut prête à partir, le sort voulut que je fusse désigné, moi aussi, à la dernière heure, pour faire partie de son état-major.

XXXVIII

Au moment du départ, je vis cette Marie Kercmenen, que j'appréhendais de connaître: c'était une jeune femme d'environ vingt ans, qui portait le costume du village de Toulven, en basse Bretagne.

Ses beaux yeux noirs regardaient clair et franc. Sans être absolument jolie, elle était presque charmante avec son corsage de drap brodé, sa coiffe blanche à grandes ailes, et sa large collerette rappelant les fraises à la Médicis.

Il y avait en elle quelque chose de candide et d'honnête qu'on aimait à regarder. Il me parut que je l'aurais précisément désirée ainsi si j'avais été chargé de la choisir moi-même pour mon frère Yves.

XXXIX

Le hasard les avait rapprochés tous deux un jour qu'elle était venue voir sa marraine à Brest.

Le galant avait été vite en besogne, et elle, séduite par le grand air d'Yves, par son bon sourire doux, s'était laissée aller — avec une certaine inquiétude cependant — à ce mariage précipité, qui allait, pour commencer, la faire veuve pendant sept ou huit mois.

Elle avait un peu de bien comme on dit à la campagne, et devait s'en retourner, aussitôt après notre départ, chez ses parents, dans son village de Toulven.

Yves me confia qu'on prévoyait l'arrivée d'un petit enfant.

— Vous verrez, dit-il : je parierais qu'il arrivera juste pour notre retour !

Et il embrassa sa femme qui pleurait. Nous partîmes. Encore une fois, nous nous en allions ensemble nous promener là-bas dans le domaine bleu des poissons volants et des dorades.

XL

15 novembre 1877.

La veille de ce départ, Yves avait obtenu par faveur d'aller à terre dans le jour pour voir à l'hôpital maritime son grand frère Gildas, le pêcheur de baleines, qui venait d'arriver à moitié perdu et qu'il n'avait pas vu depuis dix ans.

Gildas Kermadec était un homme de quarante ans, de haute taille, la figure plus régulière que celle d'Yves. On voyait encore dans ses grands yeux comme une flamme éteinte ; il avait dû être très beau.

Il était paralysé et mourant, perdu par l'eau-de-vie et les excès de tout genre ; il avait usé sa vie à plaisir, semé sa sève et ses forces sur tous les grands chemins du monde.

Il s'avança lentement, appuyé sur un bâton, encore droit et cambré, mais traînant la jambe, et le regard égaré.

— O Yves !... dit-il par trois fois, ô Yves ! ô Yves.

C'était à peine articulé ; la parole était aussi

paralysée chez lui. Il ouvrit les bras à Yves pour l'embrasser et des larmes coulèrent sur ses joues brunes.

Yves aussi pleura... Et puis, vite, il fallut partir. La permission qu'on lui avait donnée n'était que d'une heure.

Du reste, Gildas ne parlait plus, il avait fait asseoir Yves près de lui sur un banc d'hôpital, et, lui tenant la main, il le regardait avec ses yeux de fou près de mourir. D'abord il avait bien essayé de lui dire plusieurs choses qui semblaient se presser dans sa tête ; mais il ne sortait de ses lèvres que des sons inarticulés, rauques, profonds, qui faisaient mal à entendre. Non, il ne pouvait plus ; alors il se contentait de lui tenir la main et de le regarder avec une tristesse infinie.

. . . .

Yves emporta une impression profonde de cette entrevue dernière avec son frère Gildas. Ils ne s'étaient revus que deux fois depuis que Gildas était parti pour la mer. Mais ils étaient frères, frères de la même chaumière et du même sang, et c'est là quelque chose de mystérieux, un lien qui résiste à tout.

... Un mois plus tard, à notre première relâche, nous apprîmes que Gildas était mort. Alors Yves mit un crêpe à sa manche de laine.

XLI

A bord de l'Ariane, mai 1878.

... L'île de Ténériffe se dessinait devant nous comme une sorte de grand édifice pyramidal posé sur une immense glace réfléchissante qui était la mer. Les côtes tourmentées, les arêtes gigantesques des montagnes étaient rapprochées, rapetissées par la limpidité extrême, invraisemblable de l'air. On distinguait tout : les angles vifs un peu rosés, les creux un peu bleus. Et tout cela posait sur la mer comme une grande découpure légère, sans poids. Un bande très nette de nuages d'un gris nacré coupait Ténériffe horizontalement par le milieu, et, au-dessus, le pic dressait son grand cône baigné de soleil.

Les goélands faisaient un tapage extraordinaire autour de nous ; ils étaient une bande qui criaient et battaient l'air de leurs ailes blanches, dans un de ces accès de frénésie qui les prend quelquefois on ne sait à quel propos.

Midi. — Le dîner de l'équipage venait de finir ; on avait sifflé : *Les tribordais à ramasser les plats !* Et Yves qui était tribordais à bord de l'*Ariane*, remontait sur le pont et venait à moi, essayant tout doucement son sifflet, pour s'assurer qu'il marchait toujours bien.

— Oh ! mais qu'est-ce qu'ils ont aujourd'hui les goélands ? Piauler, piauler... Tout le temps du dîner, avez-vous entendu ?

Vraiment non, je ne savais pas ce qu'ils pouvaient bien avoir, les goélands. Cependant, comme il fallait, par politesse, répondre quelque chose à Yves, je lui racontai à peu près ceci :

— Il ont demandé à parler à l'officier de quart, qui était précisément moi. C'était pour s'informer de leur petit cousin Pierre Kermadec ; alors je leur ai répondu : « Messieurs, le petit Pierre Kermadec, mon filleul, n'est pas encore né ; c'est trop tôt, repassez dans quelques jours, quand nous serons à Brest. » Aussi, tu vois, ils sont partis. Regarde-les tous qui s'en vont là-bas.

— Vous leur avez répondu tout à fait comme il

faut, dit Yves, qui riait assez rarement. Mais je vais vous dire, moi, j'ai beaucoup rêvé là-dessus, encore cette nuit et savez-vous une peur qui me vient? C'est que ce soit une petite fille.

En effet, quelle contrariété si ce filleul attendu allait être une petite fille ! il n'y aurait plus moyen de l'appeler Pierre.

... Cette parenté du petit enfant d'Yves avec les goélands n'était pas de mon invention : *goéland* était le nom qu'on donnait aux gabiers à bord de cette *Ariane*, et le nom qu'ils se donnaient entre eux. Il n'y avait donc pas à s'étonner que mon petit filleul à venir dût avoir un peu de ce sang d'oiseau.

Ainsi, en parlant de lui dans nos conversations du soir, nous disions toujours :

— Quand le *petit goéland* sera arrivé.

Jamais nous ne l'appelions d'une autre manière.

XLII

Brest, 13 juin 1878.

Nous habitons pour aujourd'hui un logis de hasard, rue de Siam, à Brest, où l'*Ariane* est revenue mouiller ce matin.

En réponse à l'avis de son arrivée, Yves a reçu de Toulven, du vieux Keremenen, la dépêche suivante :

« Petit garçon né cette nuit. Se porte très bien, Marie aussi.

» CORENTIN KEREMENEN. »

La nuit venue et nous couchés, impossible de dormir. J'entends Yves dans son lit qui se tourne, se *vire*, comme il dit avec son accent breton. A l'idée qu'il ira demain à Toulven voir ce petit nouveau-né, son bon et brave cœur déborde de toute sorte de sentiments dans lesquels il ne se reconnaît plus.

... Deux jours après lui, je dois, moi aussi, me rendre à Toulven pour le baptême.

Et il fait mille projets pour cette cérémonie :

— Je n'ose pas vous le dire, mais, si vous vouliez, à Toulven, manger chez nous ? Dame, vous savez, chez mon beau-père ça n'est pas comme à la ville, bien sûr.

XLIII

Brest, 15 juin 1878.

Dès le matin, je pars pour Toulven, où Yves m'attend depuis hier.

Temps splendide. La vieille Bretagne est verte et fleurie. Tout le long du chemin, de grands bois, des rochers.

Yves est là à l'arrivée de la diligence que j'ai prise à Bannalec. Près de lui se tient une jeune fille de dix-huit ou vingt ans qui rougit, bien jolie sous sa grande coiffe.

— Voici Anne, me dit Yves, ma belle-sœur, la marraine.

Il y a encore une petite distance entre le bourg et la chaumière qu'ils habitent à Trémeulé en Toulven.

Des gars du village chargent mes malles sur leurs épaules, et me voilà en route pour faire ma visite au goéland qui vient de naître; pour faire connaissance aussi avec cette famille de bas Bretons, dans laquelle mon pauvre Yves est entré par coup de tête, sans trop savoir pourquoi.

Comment seront-ils, ces nouveaux parents de mon frère Yves, — et ce pays qui va devenir le sien ?

XLIV

Nous nous acheminons tous trois par des sentiers creux très profonds, qui fuient devant nous sous le couvert des hêtres et qui sont tout pleins de fougères.

C'est le soir; le ciel est couvert, et il fait dans ces chemins une espèce de nuit qui sent le chèvrefeuille.

Çà et là sont rangées, au bord, des chaumières grises, très antiques, tapissées de mousse.

... Il y en a une d'où part une chanson à dormir, chantée en cadence lente par une voix très vieille aussi :

> Boudoul, boudoul, galaïchen[1] !
> Boudoul, boudoul, galaïch du !...

1. Ces paroles n'ont aucun sens en breton, pas plus que, dans l'ancienne chanson de France, *mironton, mirontaine*. Elles étaient probablement imaginées par la vieille femme qui les chantait.

— C'est *lui* qu'on berce, dit Yves en souriant. Voici chez nous.

Elle est à moitié enfouie et toute moussue, cette chaumière des vieux Keremenen. Les chênes et les hêtres étendent au-dessus leur voûte verte ; elle semble aussi ancienne que la terre des chemins.

Au dedans, il fait sombre ; on voit les lits en forme d'armoire alignés avec les bahuts le long du granit brut des murs.

Une grand'mère en large collerette blanche est là qui chante auprès du nouveau-né, qui chante un air du temps de son enfance.

Dans un berceau d'une mode bretonne d'autrefois, qui, avant lui, avait bercé ses ancêtres, est couché le petit goéland : un gros bébé de trois jours tout rond, tout noir, déjà basané comme un marin et qui dort, les poings fermés sous son menton. Il a de tout petits cheveux qui sortent de son bonnet sur son front comme des petits poils de souris. Je l'embrasse, et de tout mon cœur, parce que c'est le bébé d'Yves.

— Pauvre petit goéland ! dis-je en touchant le plus doucement possible ses petits cheveux de souris, il n'a pas encore beaucoup de plumes.

— C'est vrai, dit Yves en riant. Et puis, regardez, ajoute-t-il en étendant avec des précautions infinies la petite patte fermée dans sa main rude, je ne l'ai pas très bien réussi : il n'a pas du tout la *peau d'entre-doigts*[1].

On nous dit que Marie Kermadec est couchée dans un de ces lits dont on a refermé sur elle la petite porte de bois à jour, parce qu'elle vient de s'endormir; nous baissons la voix de peur de l'éveiller, et nous sortons, Yves et moi, pour aller faire dans le village plusieurs démarches que nécessite la solennité de demain.

XLV

Nous trouvons drôle de nous voir tous deux faisant acte de citoyens comme tout le monde. Chez M. le maire, chez M. le curé, nous nous sentons très empruntés, ayant même par instants des envies de rire.

Petit goéland est définitivement inscrit au registre

---

1. Il n'a pas les doigts palmés comme un bon goéland doit les avoir.

de Toulven sous les prénoms de Yves-Pierre,— celui de son père et le mien, comme c'est l'usage dans le pays. Quant à M. le curé, il est convenu avec lui qu'il nous attendra demain matin, à neuf heures, à l'église, qu'il y aura un *Te Deum*.

— Maintenant rentrons tout droit, dit Yves ; le *père* doit être déjà de retour, et nous les retarderions pour souper.

XLVI

La nuit de juin descendait doucement, avec beaucoup de calme et de silence, sur le pays breton. Dans le chemin creux, on commençait à ne plus y voir.

Le vieux Corentin Keremenen était de retour, en effet, de son travail aux champs et nous attendait sur sa porte. Même il avait eu le temps de faire sa toilette : il avait mis son grand chapeau à boucle d'argent et sa veste des fêtes en drap bleu, ornée de paillettes de métal et d'une broderie dans le dos, représentant le saint sacrement.

...Il y a une agitation joyeuse dans cette chaumière, un air des grands jours. Les chandeliers de cuivre sont allumés sur la table, qui est recouverte d'une belle nappe. Les bahuts, les escabeaux, les vieilles boiseries de chêne reluisent comme des miroirs ; on sent qu'Yves a passé par là.

Ces chandeliers n'éclairent pas loin et il y a dans cette chaumière des recoins noirs ; on voit se mouvoir de grandes choses bien blanches, qui sont les coiffes à larges ailes et les collerettes plissées des femmes ; autrement les fonds sont très obscurs ; la lumière vient mourir en tremblotant sur le granit des murailles, sur les solives irrégulières et noircies par le temps qui portent le chaume du toit. Toujours ce chaume et ce granit brut qui jettent encore dans les villages bretons une note de l'époque primitive.

... On apporte sur la table la bonne soupe qui fume et nous nous asseyons alentour, Yves à ma gauche, Anne à ma droite.

C'est un grand repas, plusieurs poulets à diverses sauces, des crêpes de sarrasin, des omelettes au lard et au sucre ; du vin et du cidre doré qui mousse dans nos verres.

Yves me dit à part, tout bas :

— C'est un très bon homme, mon beau-père ;— et ma belle-mère Marianne, vous ne pouvez pas vous figurer quelle bonne femme elle est ! J'aime beaucoup mon beau-père et ma belle-mère.

Dans la soirée, une jeune fille apporte du village des choses empesées de frais, très encombrantes. Anne se dépêche de serrer tout cela dans un bahut, pendant qu'Yves m'envoie un coup d'œil d'intelligence, disant :

— Vous voyez, tous ces préparatifs en votre honneur !

J'avais bien deviné ce que c'était : la coiffe de cérémonie et l'immense collerette brodée de mille plis qui doivent la parer pour la fête de demain matin.

De mon côté, j'ai différents petits paquets que je désire faire sortir inaperçus de ma malle avec l'aide d'Yves : des bonbons, des dragées, une croix d'or pour la marraine. Mais Anne aussi a vu tout cela du coin de son œil et se met à rire. Tant pis ! et on ne peut pas réussir à se faire des mystères dans un logis où il n'y a qu'une seule porte et qu'un seul appartement pour tout le monde.

Petit Pierre, lui, toujours tout rond comme un bébé de bronze, continue de dormir dans la même pose, les poings fermés sous le menton ; jamais bébé naissant ne fut si beau ni si sage.

... Quand je prends congé d'eux tous, Yves se lève aussi pour venir me conduire jusqu'au village, où je dois coucher à l'auberge.

... Dehors, dans le sentier creux, sous les branches, il fait absolument noir ; on y est enveloppé d'une obscurité double, celle des grands arbres et celle de la nuit.

C'est un genre de calme auquel nous ne sommes plus habitués, celui des bois. Et puis la mer n'est pas là ; ce pays de Toulven en est très éloigné. Nous écoutons ; il nous semble toujours que nous devons entendre dans le lointain son bruit familier ; mais non, c'est partout le silence. Rien que des frôlements à peine perceptibles dans l'épaisseur verte, faibles bruits d'ailes qui s'ouvrent, trémoussements légers d'oiseaux qui ont de petits rêves dans leur sommeil.

On sent toujours les chèvrefeuilles ; mais, avec la nuit, il est venu une fraîcheur pénétrante et des odeurs de mousse, de terre, d'humidité bretonne.

Toutes ces campagnes qui dorment, toutes ces collines boisées qui nous entourent, tous ces sommeils d'arbres, toutes ces tranquillités nous oppressent. Nous nous sentons un peu des étrangers au milieu de tout cela, et la mer nous manque, la mer, qui est en somme le grand espace ouvert, le grand champ libre sur lequel nous nous sommes accoutumés à courir.

Yves subit ces impressions et me les exprime d'une manière naïve, d'une manière à lui, qui n'est guère intelligible que pour moi. Au milieu de son bonheur, une inquiétude le trouble ce soir, presque un regret d'être venu étourdiment fixer sa destinée dans cette chaumière perdue.

Et puis nous rencontrons un calvaire, qui tend dans l'obscurité ses deux bras gris, et nous songeons à toutes ces vieilles chapelles de granit, qui sont posées çà et là autour de nous, isolées au milieu des bois de hêtres et dans lesquelles veillent des esprits de morts.

. . . .

XLVII

Le lendemain jeudi, 16 du mois de juin 1878, par un temps radieux, le cortège de baptême s'organise dans la chaumière des vieux Keremenen.

Anne, le dos tourné dans un coin, ajuste sa grande coiffe devant un miroir, un peu embarrassée d'être obligée de faire cela devant moi ; mais les chaumières de Bretagne ne sont pas grandes, et elles n'ont pas d'autres séparations au dedans que les petites armoires où l'on dort.

Anne est vêtue d'un costume de drap noir dont le corsage ouvert est brodé de soies de toutes couleurs et de paillettes d'argent ; elle porte un devantier de moire bleue, et, débordant sur ses épaules, une collerette blanche à mille plis qui se tient rigide comme une fraise du xvi° siècle. Moi, j'ai pris un uniforme aux dorures toutes fraîches, et nous produirons certainement un bon effet tout à l'heure, nous donnant le bras, dans le sentier vert.

Auprès du petit enfant, il y a ce matin un nouvenu personnage, une vieille très laide et très extraordinaire, qui fait son entendue et à qui on obéit : — c'est la sage-femme, à ce qu'il paraît.

— Elle a l'air un peu sorcière, dit Anne, qui devine mon impression; mais c'est une très bonne femme.

— Oh! oui, une très bonne femme, appuie le vieux Corentin ; c'est un air qu'elle a comme cela, monsieur, mais elle ne manque pas de religion, et même elle a obtenu de grandes bénédictions, l'an passé, au pèlerinage de Sainte-Anne.

Cassée en deux comme Carabosse, un nez crochu en bec de chouette et des petits yeux gris bordés de rouge, qui clignotent très vite comme ceux des poules, elle va de droite et de gauche, affairée, avec sa grande collerette de cérémonie toute raide; quand elle parle, sa voix surprend comme un son de la nuit : on croirait entendre la hulotte des sépulcres.

Yves et moi, nous n'aimions pas d'abord cette vieille auprès du nouveau-né ; mais nous songeons ensuite que, depuis cinquante ans, elle préside aux naissances des petits enfants du pays de Toulven, sans avoir jamais porté malheur à aucun, bien au contraire. D'ailleurs, elle observe en conscience tous les rites anciens, tels que faire boire au petit avant le baptême un certain vin dans lequel on a trempé l'anneau du mariage de sa mère, et plusieurs autres qui ne devraient jamais être négligés.

On y voit juste autant qu'il faut, dans cette chaumière, très enterrée et très à l'ombre. Le jour entre un peu par la porte ; au fond, il y a aussi une lucarne ménagée dans l'épaisseur du granit, mais les fougères l'ont envahie : on les voit par transparence, comme les fines découpures d'un rideau vert.

... Enfin petit Pierre a terminé sa toilette, et sans pousser un cri. Je l'aurais mieux aimé en petit Breton ; mais non, il est tout en blanc, le fils d'Yves, avec une longue robe brodée et des nœuds de ruban, comme un petit monsieur de la ville. Il a l'air encore plus vigoureux et plus brun dans ce costume de poupée ; les pauvres petits bébés des villes, qui vont au baptême dans des toilettes pareilles, n'ont pas, en général, un sang si vivace et si fort.

Par exemple, je suis forcé de reconnaître qu'il n'est pas encore bien joli ; il est probable que cela viendra plus tard ; mais, pour le moment, il a un minois bouffi de petit chat naissant.

... Dehors, dans le sentier plein de fougères, sous la voûte verte, s'agitent déjà quelques grandes coiffes blanches de jeunes filles et des corsages de drap à broderies comme celui d'Anne. Elles sont sorties des chaumières voisines et attendent pour nous voir passer.

Bras dessus bras dessous, Anne et moi, nous nous mettons en route. Petit Pierre prend les devants, sur les bras de la vieille au nez d'oiseau, qui trotte vite et menu, avec un déhanchement bizarre comme les vieilles fées. Et le grand Yves marche derrière nous, dans ses habits de mariage, très grave, un peu étonné d'être à pareille fête, un peu intimidé aussi de défiler tout seul, mais c'est la coutume.

Par le beau matin de juin, nous descendons gaîment le sentier breton ; au-dessus de nos têtes, le couvert des chênes et des hêtres tamise des petits ronds de lumière qui tombent par milliers à travers la verdure comme une pluie blanche. Les clématites pendent, mêlées au chèvrefeuille, et les oiseaux chantent tous la bienvenue au petit goéland, qui fait sa première apparition au soleil.

... Nous voici dans Toulven, qui est presque une petite ville. Les bonnes gens sont sur leur porte, et nous défilons tout le long de la grand'rue pour aller à l'église.

Elle est très ancienne, cette église de Toulven; elle s'élève toute grise dans le ciel bleu, avec sa haute flèche de granit à jours, que par place les lichens ont dorée. Elle domine un grand étang immobile avec des nénufars, et une série de collines uniformément boisées qui font par derrière un horizon sans âge.

Tout autour, un antique enclos; c'est le cimetière. Des croix bordent la sainte allée; elles sortent d'un tapis de fleurs, d'œillets, de giroflées, de blanches marguerites. Et dans les recoins plus abandonnés où le temps a nivelé les bottes de gazon, il y a des fleurs encore pour les morts : les silènes et les digitales des champs de Bretagne; la terre en est toute rose. Les tombes se pressent là, aux portes de l'église séculaire, comme un seuil mystérieux de l'éternité; cette grande chose grise qui s'élève, cette flèche qui essaye de monter, il semble, en effet, que tout cela protège un peu contre le néant; en se dressant vers le ciel, cela appelle et cela supplie : et c'est comme une éternelle prière immobilisée dans du granit. Et les pauvres tombes enfouies sous l'herbe attendent là, plus confiantes, à ce seuil d'église, le son de la dernière trompette et des voix de l'Apocalypse.

Là aussi, sans doute, quand, moi, je serai mort ou cassé par la vieillesse, là on couchera mon frère Yves ; il rendra à la terre bretonne sa tête incrédule, et son corps qu'il lui avait pris. Plus tard encore y viendra dormir le petit Pierre, — si la grande mer ne nous l'a pas gardé, — et, sur leurs tombes, les fleurs roses des champs de Bretagne, les digitales sauvages, l'herbe haute de juin, pousseront comme aujourd'hui, au beau soleil des étés.

... Sous le porche de l'église, il y avait tous les enfants du village qui semblaient très recueillis. M. le curé était là aussi qui nous attendait dans ses habits de cérémonie.

C'était un porche d'une architecture très primitive, et dont bien des générations bretonnes avaient usé les pierres ; il y avait des saints difformes, taillés dans le granit, qui étaient alignés comme des gnomes.

La cérémonie fut longue à cette porte. La vieille à tête de chouette avait posé le petit Pierre dans nos mains, et nous le tenions à deux avec la marraine, comme le veut l'usage, elle du côté des pieds et moi du côté de la tête. Yves, adossé au pilier de granit, nous regardait faire d'un air très rêveur, et Anne était bien jolie, sous ce porche gris, avec son beau costume et sa grande fraise, tout en lumière, dans un rayon de soleil.

Petit Pierre marqua une légère grimace et passa sur sa lèvre le bout de sa toute petite langue, d'un air mécontent, quand on lui fit goûter le sel, emblème des amertumes de la vie.

M. le curé récita de longs *oremus* en latin, après quoi, il dit dans la même langue au petit goéland : *Ingredere, Petre, in domum Domini.* Et alors nous entrâmes dans l'église.

Des saintes qui étaient là, dans des niches, en costume du xvi° siècle, regardaient petit Pierre faire son entrée, de ce même air placide et mystique avec lequel elles ont vu naître et mourir dix générations d'hommes.

Sur les fonts baptismaux ce fut encore fort long, et puis il nous fallut faire station, Anne et moi, devant la grille du chœur, agenouillés comme deux nouveaux époux.

Enfin, je dus prendre à moi tout seul le fils d'Yves,

que je tremblais de briser dans mes mains inhabiles, monter les marches de l'autel avec ce précieux petit fardeau, et lui faire embrasser la nappe blanche sur laquelle pose le saint-sacrement. Je me sentais très gauche en uniforme, j'avais l'air de porter un poids des plus lourds. Je ne m'imaginais pas que ce fût une chose si difficile de tenir un nouveau-né; encore il était endormi : s'il eût été en mouvement, jamais je n'aurais pu réussir.

Tous les enfants du village nous guettaient au départ, de petits gars bretons avec des mines effarouchées, des joues bien rondes et de longs cheveux.

Les cloches sonnaient joyeusement en haut de l'antique flèche grise et le *Te Deum* venait d'éclater derrière nous, entonné à pleine voix par des petits enfants de chœur en robe rouge et surplis blanc.

On nous laissa passer, encore tranquilles et recueillis, dans l'allée fleurie que bordaient les tombes; — mais après, quand nous fûmes dehors!...

Petit Pierre, cause de tout ce tapage, était parti devant, emporté de plus en plus vite par la vieille au nez crochu, et dormant toujours de son sommeil innocent. Anne et moi, nous étions assaillis : petits garçons et petites filles nous entouraient avec des cris et des gambades; il y en avait de ces petites qui avaient bien cinq ans, et qui portaient déjà de grandes collerettes et grandes coiffes pareilles à celles de leurs mères; et elles sautaient autour de nous, comme des petites poupées très comiques.

C'était singulier, la joie de ce petit monde breton, rose avec de longs cheveux de soie jaune; à peine éclos à la vie, et déjà dans des costumes et des modes du vieux temps; — exubérants d'une joie inconsciente, — comme autrefois leurs ancêtres, et ils sont morts! Joie de la vie toute neuve, joie comme en ont les petits chats, les cabris, et, après dix ans, ils meurent; les pe'its chiens, les petits moutons ont de ces joies et font des sauts d'enfants, — et cela passe et on les tue!

Nous leur jetions des poignées de dragées, et toute notre route était semée de bonbons. On se souviendra longtemps dans Toulven de ce baptême du petit goéland.

... Après, nous retrouvâmes le calme du sentier breton, la longue allée verte, et, au bout, le hameau sauvage.

Il était maintenant près de midi; les papillons et les mouches volaient par bandes le long du chemin.

Il faisait très chaud pour un temps de Bretagne.

En plein jour, c'était un vrai jardin que ce toit de chaume des vieux Keremenen ; une quantité de petites fleurs blanches, jaunes, roses, s'y étaient installées en compagnie d'une grande variété de fougères, et le soleil s'éparpillait dessus, toujours tamisé par les chênes.

Au dedans, il faisait encore frais, dans le demi-jour un peu vert, sous la voûte basse et noire des vieilles solives.

Le dîner était prêt sur la table, et la femme d'Yves, qui s'était levée pour la première fois, nous attendait, assise à sa place, dans ses beaux habits de fête. En quelques jours, sa jeunesse s'était envolée, elle était pâle et maigrie. Yves la regarda avec un air de surprise déçue qu'elle put voir ; puis, comprenant que c'était mal, il alla l'embrasser avec affection, un peu en grand seigneur. Et, moi, j'augurais de tristes choses de cette entrevue de désenchantement.

Toutefois ce dîner du baptême fut gai. Il se composait d'un grand nombre de plats bretons et dura fort longtemps.

« Au dessert, on entendit dehors marmotter très

vite, à deux voix, en langue de basse Bretagne, des espèces de litanies. C'étaient deux vieilles, deux pauvresses, qui se donnaient le bras, appuyées sur des bâtons, comme font les fées quand elles prennent forme caduque pour n'être pas reconnues.

Elles demandèrent à entrer, étant venues pour dire la bonne aventure au petit Pierre. Sur son berceau de chêne où on le balançait doucement, elles firent des prédictions très heureuses, et puis se retirèrent en bénissant tout le monde.

Alors on leur remit de grosses aumônes, et Anne leur fit des tartines beurrées.

XLVIII

Dans l'après-midi, il y eut une belle scène : mon pauvre Yves était gris et voulait aller à Bannalec prendre le chemin de fer pour s'en retourner à bord.

Nous étions fort loin à nous promener dans un bois, Anne, lui et moi, quand tout à coup cela le prit à propos d'un rien. Il nous avait quittés, nous tournant le dos, disant qu'il ne reviendrait plus.

et nous l'avions suivi par inquiétude de ce qu'il allait faire.

Quand nous arrivâmes après lui à la chaumière des vieux Keremenen, nous le vîmes qui avait jeté à terre sa belle chemise blanche et ses beaux habits de mariage ; le torse nu, comme se mettent les matelots à bord pour la tenue du matin, il cherchait partout son tricot de marin qu'on lui avait caché.

— Seigneur Jésus, mon Dieu ! ayez pitié de nous, disait Marie, sa femme, en joignant ses pauvres mains pâles de convalescente. Comment cela s'est-il fait, Seigneur? Car enfin il n'a pas bu ! O monsieur, empêchez-le, suppliait-elle en s'adressant à moi. Et qu'est-ce qu'on va dire dans Toulven quand il passera, de voir que mon mari a voulu me quitter !

En effet, Yves avait très peu bu ; le contentement, sans doute, lui avait tourné la tête à ce dîner, et, de plus, nous lui avions fait faire une course au grand soleil ; il n'y avait pas tout à fait de sa faute.

Quelquefois, — rarement il est vrai, — avec beaucoup de douceur, on pouvait l'arrêter encore ; je savais cela, mais je ne me sentais pas capable aujourd'hui d'employer ce moyen. Non, c'était trop, à la fin ! même ici, dans cette paix et ce bon jour de fête, apporter encore ces scènes-là !

Je dis simplement :

— Yves ne sortira pas !

Et, pour lui couper la route, je me mis en travers de la porte, arc-bouté aux vieux montants de chêne, qui étaient massifs et solides.

Lui n'osait rien me répondre à moi-même. Il allait et venait, cherchant toujours ses habits de bord, tournant comme une bête fauve que l'on tient captive. Il avait dit à voix basse que rien ne l'empêcherait de sortir dès qu'il aurait trouvé son bonnet pour se coiffer. Mais c'est égal, l'idée qu'il faudrait me toucher pour essayer de sortir le retenait encore.

Moi aussi, j'étais dans un mauvais jour et je ne sentais plus rien de cette affection qui avait duré tant d'années, pardonné tant de choses. Je voyais devant moi le forban ivre, ingrat, révolté, et c'était tout.

Au fond de chaque homme, il y a toujours un sauvage caché qui veille, — chez nous surtout qui avons roulé la mer. — C'étaient nos deux sauvages qui étaient en présence et qui se regardaient, ils venaient de se heurter l'un à l'autre, comme dans nos plus mauvais jours passés.

Et dehors, autour de nous, c'était toujours le calme de la campagne, l'ombre des chênes, la tranquille *nuit verte*.

Le pauvre vieux Keremenen, lui, ne pouvait rien, et cela risquait de devenir tout à fait odieux et pitoyable, quand on entendit Marie qui pleurait; c'étaient ses premières larmes de femme, des larmes pressées, amères, présages sans doute de beaucoup d'autres; des sanglots qui étaient lugubres, au milieu de ce silence lourd que nous gardions tous.

Alors Yves fut vaincu et s'approcha lentement pour l'embrasser :

— Allons, j'ai tort, dit-il, et je demande pardon.

Et puis il vint à moi et se servit d'un nom qu'il avait quelquefois écrit, mais qu'il n'avait jamais osé prononcer :

— Il faut encore me pardonner, *frère !*...

Et il m'embrassa aussi.

Après, il demanda pardon aux deux vieux Keremenen, qui lui donnèrent de bons baisers de père et de mère ; et pardon à son fils, le petit goéland, en appuyant sa bouche sur ses petites mains fermées qui débordaient du berceau.

Il était tout à fait dégrisé et c'était fini ; le vrai Yves, mon frère, était revenu ; il y avait comme toujours dans son repentir quelque chose de simple et d'enfantin qui faisait qu'on lui pardonnait sans arrière-pensée et qu'on oubliait tout.

Maintenant il ramassait ses effets par terre, les époussetait et se rhabillait sans rien dire, triste, épuisé, essuyant son front, où une mauvaise sueur froide était venue perler.

... Une heure après, je regardais Yves, qui était posé, avec sa tournure d'athlète, auprès du berceau de son fils ; il venait de l'endormir, en le berçant lui-même, et, peu à peu, progressivement, avec beaucoup de précautions, il arrêtait les balancements de la petite corbeille de chêne, pour la laisser immobile, voyant que le sommeil était bien venu. Ensuite il se pencha davantage pour le regarder de tout près, l'examinant avec beaucoup de curiosité, comme ne l'ayant encore jamais vu, touchant les petits poings fermés, les petits cheveux de souris qui sortaient toujours du petit bonnet blanc.

A mesure qu'il le contemplait, sa figure prenait

une expression d'une tendresse infinie ; alors l'espoir me vint que ce serait peut-être un jour sa sauvegarde et son salut, ce petit enfant...

XLIX

Le soir, après souper, nous fîmes une promenade beaucoup plus calme que celle du jour, Anne, Yves et moi.

Et, à neuf heures, nous étions assis au bord d'un grand chemin qui traversait les bois.

Ce n'était pas encore la nuit, tant sont longues en Bretagne les soirées du beau mois de juin ; mais nous commencions tout de même à causer des fantômes et des morts.

Anne disait :

— L'hiver, quand les loups viennent, nous les entendons de chez nous ; mais quelquefois les revenants aussi, monsieur, se mettent à crier comme eux.

Ce soir-là, on entendait seulement passer les hannetons et les cerfs-volants qui traversaient l'air tiède en dérivant des courbes, avec de petits bour-

donnements d'été. Et puis, dans le lointain du
bois : *Hou !... hou !...* un appel triste, chanté tout
doucement d'une voix de hibou.

Et Yves disait :

— Écoutez, frère, les perruches de France qui
chantent (c'était un souvenir de sa *perruche* de la
Sibylle).

Les graminées légères, avec leurs fleurs de
poussière grise, étendaient sur la terre une couche
très haute, à peine palpable, où l'on enfonçait ; et
les dernières phalènes, qui avaient fini de courir,
plongeaient les unes après les autres dans ces
épaisseurs d'herbe, pour prendre leur poste de
sommeil le long des tiges.

Et l'obscurité venait, lente et calme, avec un air
de mystère.

... Passa un jeune gars breton qui portait un
bissac sur l'épaule, et s'en revenait gris du pardon
de Lannildu, la plume de paon au chapeau. (Je ne
sais pas bien ce que vient faire ceci dans l'histoire
d'Yves : je raconte au hasard des choses qui sont
restées dans ma mémoire.) Il s'arrêta pour nous
faire un discours. Après quoi, en manière de péro-
raison, et montrant son bissac :

— Tenez, dit-il, j'ai deux chats là dedans. (Cela n'avait aucun rapport avec ce qu'il venait de nous dire).

Il posa son fardeau par terre et jeta son grand chapeau dessus. Alors ce bissac se mit à *jurer*, avec de grosses voix de matous en colère, et à circuler par soubresauts sur le chemin.

Quand nous fûmes bien convaincus que c'étaient des chats, il remit le tout sur son épaule, salua, et continua sa route.

L

17 juin 1878.

De bonne heure, nous sommes debout pour aller dans les bois ramasser des *luxes* (petits fruits d'un noir bleu que l'on trouve dans les plus épais fourrés, sur des plantes qui ressemblent au gui de chêne).

Anne ne portait plus son beau costume de fête : elle avait mis une grande collerette unie et une coiffe plus simple. Sa robe bretonne en drap bleu était ornée de broderies jaunes : sur chaque côté de son corsage, c'étaient des dessins imitant de ces rangées d'yeux comme en ont les papillons sur leurs ailes.

Le long des sentiers creux, dans la nuit verte, nous rencontrions des femmes qui allaient à Toulven entendre la première messe du matin. Du fond de ces longs couloirs de verdure, on les voyait venir avec leurs collerettes, avec leurs hautes coiffes blanches, dont les pans retombaient symétriques sur leurs oreilles, comme des bonnets d'Égyptiens. Leur taille était très serrée dans des doubles corsages de drap bleu qui ressemblaient à des corselets d'insectes et sur lesquels étaient brodées toujours les mêmes bigarrures, les mêmes rangées d'yeux de papillon. Au passage, elles nous disaient bonjour en langue bretonne, et leur figure tranquille avait des expressions primitives.

Et puis, sur les portes des chaumières antiques en granit gris qui étaient enfouies dans les arbres, nous trouvions des vieilles assises et gardant des petits enfants; des vieilles aux longs cheveux blancs dépeignés, aux haillons de drap bleu coupés à la mode d'autrefois, avec des restes de broderies bretonnes et de rangées d'yeux : la misère et la sauvagerie du vieux temps.

Des fougères, des fougères, tout le long de ces chemins, — les espèces les plus découpées, les plus fines, les plus rares, agrandies là dans l'ombre humide, formant des gerbes et des tapis ; — et puis des digitales pourprées s'élançant comme des fusées roses, et, plus roses encore que les digitales, les silènes de Bretagne, semant sur toute cette verdure fraîche leurs petites étoiles d'une couleur de carmin.

... A nous peut-être la verdure semble plus verte, les bois plus silencieux, les senteurs plus pénétrantes, à nous qui habitons les maisons de planches au milieu du bruit de la mer.

— Moi, je trouve qu'on est très bien ici, disait Yves. Un peu plus tard, quand le petit Pierre sera seulement assez grand pour que je l'emmène par la main, nous nous en irons tous deux ramasser toute sorte de choses dans les bois, — et puis chasser. C'est cela, j'achèterai un fusil, dès que je serai un peu riche, pour tuer les loups. Il me semble à moi que je ne m'ennuierai jamais dans ce pays...

Je savais bien, hélas ! qu'il s'y ennuierait à la longue ; mais c'était inutile de le lui dire et il fallait bien lui laisser sa joie, comme aux enfants.

D'ailleurs, lui aussi allait partir; deux jours après moi, il devait rejoindre Brest, pour s'embarquer de nouveau. Ce n'était qu'un tout petit repos dans notre vie, ce séjour en Toulven, qu'un petit entr'acte de Bretagne après lequel notre métier de mer nous attendait.

... Nous fûmes bientôt au milieu des bois ; plus de sentiers ni de chaumières ; rien que des collines se succédant au loin, couvertes de hêtres, de broussailles, de chênes et de bruyères. Et des fleurs, une profusion de fleurs ; tout ce pays était fleuri comme un éden : des chèvrefeuilles, de grands asphodèles en quenouilles blanches et des digitales en quenouilles roses.

Dans le lointain, le chant des coucous dans les arbres, et autour de nous, des bruits d'abeilles.

Les *luzes* croissaient çà et là, sur le sol pierreux, mêlées aux bruyères fleuries. Anne trouvait toujours les plus belles, et m'en donnait à pleine main. Et le grand Yves nous regardait faire avec un sourire très grave, ayant conscience de jouer, pour la première fois, une espèce de rôle de mentor et s'en trouvant très surpris.

Le lieu était sauvage. Ces collines boisées, ces tapis de lichen, cela ressemblait à des paysages des temps passés, tout en ne portant la marque d'aucune époque précise. Mais le costume d'Anne était du plein moyen âge et alors on avait l'impression de cette période-là.

Non pas le moyen âge sombre et crépusculaire compris par Gustave Doré, mais le moyen âge au soleil et plein de fleurs, de ces mêmes éternelles fleurs des champs de la Gaule qui s'épanouissaient aussi pour nos ancêtres.

... Onze heures quand nous revînmes à la chaumière des vieux Keremenen pour dîner ; il faisait très chaud cet été-là, en Bretagne ; toutes ces fougères, toutes ces fleurettes roses des chemins se courbaient sous ce soleil inusité, qui les fatiguait même à travers les branchages verts.

... *Une heure.* — Pour moi, temps de partir. — J'allai embrasser d'abord petit Pierre, qui dormait toujours dans sa corbeille de chêne antique, comme si ces quatre jours ne lui avaient pas suffi pour se remettre de toute la fatigue qu'il avait prise pour venir au monde.

Je fis mes adieux à tous. Yves, pensif, debout

contre la porte, m'attendait pour m'accompagner jusqu'à Toulven, où la diligence devait me prendre et me mener à la station de Bannalec. Anne et le vieux Corentin voulurent aussi me reconduire.

... Et, quand je vis s'éloigner Toulven, le clocher gris et l'étang triste, mon cœur se serra. Dans combien d'années reviendrais-je en Bretagne ? Encore une fois nous étions séparés, mon *frère* et moi, et tous deux nous nous en allions à l'inconnu. Je m'inquiétais de son avenir, sur lequel je voyais peser des nuages très sombres... Et puis je songeais aussi à ces Keremenen, dont l'accueil m'avait touché ; je me demandais si mon pauvre cher Yves, avec ses défauts terribles et son caractère indomptable, n'allait pas leur apporter malheur, sous leur toit de chaume couvert de petites fleurs roses.

LI

Novembre 1880.

... Un peu plus de deux ans après.

Petit Pierre avait froid. Il pleurait en se tenant ses deux petites mains, qu'il essayait de cacher sous son tablier. Il était dans une rue de Brest, avant jour, un matin de novembre, sous la pluie fine. Il se serrait contre sa mère, qui, elle aussi, pleurait.

Elle était là, à ce coin de rue, Marie Kermadec, attendant, rôdant dans l'obscurité comme une mauvaise femme. Yves rentrerait-il?... Où était-il?... où avait-il passé la nuit? dans quel bouge? Retournerait-il au moins à son bord, à l'heure du coup de canon, à temps pour l'appel?

D'autres femmes attendaient aussi.

Une passa avec son mari, un quartier-maître comme Yves; il sortait ivre d'un cabaret qu'on venait d'ouvrir. Il essaya de marcher, fit quelques pas, puis tomba lourdement à terre, avec un bruit lugubre de sa tête contre le granit dur.

— Ah! mon Dieu! pleurait la femme; Jésus, sainte Vierge Marie, ayez pitié de nous!... Jamais je ne l'avais vu comme ça encore!...

Marie Kermadec l'aida à le remettre debout. Il avait une jolie figure douce et sérieuse.

— Merci, madame!

Et la femme continua de le faire marcher, en le soutenant de toutes ses forces.

Petit Pierre pleurait assez doucement, comme

comprenant déjà qu'une honte pesait sur eux, et qu'il ne fallait pas faire de bruit, baissant sa petite tête, et cachant toujours sous son tablier ses pauvres petites mains qui avaient froid. Il était assez bien couvert pourtant, mais il y avait longtemps qu'il était là, tranquille, à ce coin de rue humide. Les lanternes à gaz venaient de s'éteindre, et il faisait très noir. Pauvre petite plante saine et fraîche, née dans les bois de Toulven, comment était-il venu s'échouer dans cette misère de la ville? Il ne s'expliquait pas bien ce changement, lui, il ne pouvait pas comprendre encore pourquoi sa mère avait voulu suivre son mari dans ce Brest, et habiter un logis sombre et froid, au fond d'une cour, dans une des rues basses avoisinant le port.

Un autre passa; il battait sa femme, celui-ci, il ne voulait pas se laisser ramener, et c'était horrible. Marie poussa un cri, en entendant le bruit creux d'un coup de poing frappé dans une poitrine; et puis elle se cacha la figure, n'y pouvant rien. Non! Yves n'en était jamais arrivé là, lui. Mais est-ce que cela viendrait? est-ce qu'il faudrait aussi, un de ces jours, descendre jusqu'à cette dernière misère?

LII

Yves, à la fin, parut, marchant droit, cambré, la tête haute, mais l'œil atone, égaré. Il vit sa femme, mais passa sans en avoir l'air, lui jetant un mauvais regard trouble.

Ce n'était plus lui, — comme il le disait lui-même après, dans les bons moments de repentir qu'il avait encore.

Ce n'était plus lui, en effet : c'était la bête sauvage que l'ivresse réveillait, quand sa vraie âme était obscurcie et disparue.

Marie se garda de dire un mot, non seulement de faire un reproche, mais même de supplier. Il ne fallait rien dire à Yves dans ces moments où sa tête était perdue : il serait reparti encore. Elle savait cela ; elle était pliée à ce silence.

Elle suivit, tête basse, sous la pluie, traînant par la main petit Pierre, qui tâchait de pleurer encore plus doucement depuis qu'il avait vu son père et qui mouillait ses pauvres petits pieds dans la boue du ruisseau. Comment avait-elle pu le laisser marcher ainsi, et même le faire sortir, comme cela, avant jour? A quoi pensait-elle donc? où avait-elle la tête?... Et elle le prit à son cou, le réchauffant contre elle, l'embrassant avec amour.

Yves fit mine de passer devant sa porte, pour voir, — facétie de brute, — puis regarda derrière lui sa femme avec un sourire stupide qui faisait mal, comme pour dire : « C'était une plaisanterie que je te faisais, mais, tu vois, je vais rentrer. »

Elle le suivit de loin, se dissimulant le long des murs de l'escalier noir, se faisant petite, humble. Heureusement il n'était pas jour encore, et sans doute les voisins ne seraient pas levés pour être témoins de cette honte.

Elle entra après lui dans leur chambre et ferma la porte.

Pas de feu, un air de misère qui prenait au cœur.

La chandelle allumée, Marie vit qu'Yves avait encore tout déchiré ses vêtements neufs, qu'elle avait une première fois raccommodés avec tant de soin ; et puis son grand col bleu était froissé et maculé, et son tricot à raies, les mailles rompues bâillait sur sa poitrine.

Il allait et venait, tournant comme une bête enfermée, dérangeant, chavirant brusquement les choses qu'elle avait rangées, les morceaux de pain qu'elle avait économisés.

Elle, ayant recouché leur enfant dans son berceau et l'ayant bien couvert, faisait semblant de s'occuper des choses de leur ménage. Il fallait avoir un air naturel dans ces cas-là ; autrement, si on semblait trop s'occuper de lui, il s'exaspérait tout à coup, comme un fauve qui a senti du sang ; et il voulait repartir. Et, quand une fois il avait dit : « Eh bien, je m'en vais ! je m'en vais retrouver mes camarades ! » il s'en allait avec un entêtement de brute ; il n'y avait plus ni force, ni prières, ni larmes capables de le retenir.

LIII

Quelquefois Yves tombait tout à coup comme un mort et dormait plusieurs heures, puis c'était fini. Cela dépendait de l'espèce d'alcool qu'il avait pris.

D'autres fois, il tenait bon, on ne sait comment,

et s'en retournait sur son navire, dans le port, « à la Réserve », faire son service.

Ce matin-là, quand il fut sept heures, Yves un peu dégrisé, ayant eu l'idée de lui-même de tremper sa tête dans l'eau glacée, sortit et prit le chemin de l'arsenal.

LIV

Alors Marie s'assit, brisée, anéantie, auprès de petit berceau où leur fils venait de se rendormir.

Par les fenêtres sans rideaux une lueur blanche commençait à entrer, une lueur pâle, pâle, qui donnait froid.

Encore un jour! — Dans la rue, on entendait ce bruit caractéristique des bas quartiers de Brest aux heures d'*embauchée* : des milliers de sabots de bois martelant les pavés de granit dur. Les ouvriers rentraient dans le port de guerre, s'arrêtant en chemin pour boire encore de l'eau-de-vie, dans des cabarets à peine ouverts qui mêlaient au jour naissant les lueurs sales de leurs petites lampes.

Marie restait là, immobile, percevant avec une

espèce d'acuité douloureuse tous ces bruits déjà familiers des matins d'hiver qui montaient de la rue, voix noyées d'alcool et grouillements de sabots. C'était dans une de ces vieilles maisons hautes d'étages, profondes, immenses, avec des cours noires, des murs de granit brut, épais comme des remparts, renfermant toute sorte de monde, ouvriers, vétérans, marins ; au moins trente ménages d'ivrognes. Il y avait quatre mois — depuis qu'Yves était revenu des Antilles — qu'elle avait quitté Toulven pour venir habiter là.

Une clarté plus blanche entrait par les vitres, tombait sur ces murs délabrés et sordides, pénétrait peu à peu toute cette grande chambre, où leur modeste petit ménage aujourd'hui en désordre semblait perdu. — Décidément c'était le jour ; elle alla par économie, souffler sa chandelle et puis revint s'asseoir.

Qu'allait-elle faire de sa journée ? travaillerait-elle aujourd'hui ? Non, elle n'en avait pas le courage et puis à quoi bon ?

Encore un jour qu'il faudrait passer sans feu, avec la mort dans le cœur, à regarder tomber la pluie et à attendre !... Attendre, attendre avec une anxiété qui croîtrait d'heure en heure, attendre la tombée de la nuit, le moment où le martellement des sabots recommencerait en bas dans la rue grise, la *débauchée*. Car Yves et les autres marins dont les navires étaient dans le port sortaient en même temps que les ouvriers de l'arsenal, et alors, elle, chaque soir, appuyée à sa fenêtre, regardait passer ce flot d'hommes, les yeux inquiets, fouillant le plus loin possible dans tous ces groupes, cherchant celui qui lui avait pris sa vie.

Elle le reconnaissait de loin, à sa haute taille droite, à sa carrure ; son col bleu dominait les autres. Quand elle l'avait découvert, marchant vite, se hâtant vers le logis, il lui semblait que son pauvre cœur se desserrait, qu'elle respirait mieux ; quand elle l'avait vu enfin au-dessous d'elle entrer par la vieille porte basse, elle était presque heureuse. Il arrivait ; — et quand il était là et qu'il les avait embrassés tous les deux, elle et le petit Pierre, le danger était fini, il ne ressortait plus.

Mais, s'il tardait à paraître, peu à peu elle sentait l'angoisse l'étreindre... Et, quand l'heure était passée, la nuit venue, la foule des hommes dispersée, et que lui n'était pas rentré, oh ! alors commençaient ces soirées sinistres qu'elle connaissait si bien, ces soirées mortelles d'attente qu'elle passait, la porte ouverte, assise dans une chaise, les mains jointes, à dire des prières, l'oreille tendue à tous les chants des matelots qui venaient du dehors, tremblant à tous les bruits de pas qu'elle entendait dans l'escalier noir.

Et puis très tard, quand les autres, les voisines étaient couchées et ne pouvaient plus la voir, elle descendait ; sous le froid, sous la pluie, elle s'en allait comme une insensée attendre aux coins des rues, écouter aux portes des bouges où l'on buvait encore, coller sa joue pâlie aux vitres des cabarets.

LV

Petit Pierre dormait toujours dans son berceau, pour rattraper son pauvre petit sommeil perdu d'avant jour. — Et, ce matin-là, sa mère aussi s'était assoupie près de lui dans sa chaise, accablée qu'elle était de fatigue et de veille.

Le grand jour pâle était tout à fait levé quand elle se réveilla, les membres engourdis, ayant froid.

En reprenant ses idées, vite elle retrouva son angoisse.

Pourquoi avait-elle quitté Toulven ? Pourquoi s'était-elle mariée ? Pauvre fille de la campagne, que faisait-elle dans ce Brest où l'on regardait son costume de paysanne ! Pourquoi était-elle venue traîner dans les rues de la ville sa grande collerette blanche, souvent trempée de pluie, que, par désespérance, par dégoût de tout, elle laissait maintenant pendre toute fripée et sans apprêt sur ses épaules ?

Elle avait épuisé tous les moyens pour ramener Yves. Il était encore si doux, si bon, il aimait tant son petit Pierre dans ses moments raisonnables, que souvent elle s'était reprise à espérer ! Il avait des repentirs très sincères, qui duraient plusieurs jours ; et c'étaient des jours de bonheur.

— Il faut me pardonner, disait-il, tu vois bien que *ce n'était plus moi !*

Et elle pardonnait ; alors on ne se quittait plus ; quand par hasard il faisait un peu de beau temps, on habillait petit Pierre dans ses habits neufs, et on allait se promener, tous les trois, dans Brest.

... Et puis, un beau soir, Yves ne rentrait pas, et c'était à recommencer, il fallait retomber dans ce désespoir.

Cela allait de mal en pis; le séjour à Brest exerçait sur lui cette même influence qu'il a d'ordinaire sur tous les marins. Maintenant c'était presque chaque semaine; cela devenait *une habitude*. A quoi bon espérer?

Il n'y avait plus d'argent dans leur tiroir. Comment faire? En emprunter à ces femmes, les voisines, qui de temps en temps buvaient aussi, et qu'elle dédaignait de connaître; elle en aurait trop honte! Pourtant elle était à bout de moyens pour cacher sa détresse à ses parents, qui ne savaient rien, eux, et qui s'étaient mis à aimer Yves comme leur vrai fils.

Eh bien, elle le leur dirait, qu'il n'en était pas digne. Une révolte se faisait en elle. Elle le laisserait, cet homme; c'était trop à la fin, et il n'avait pas de cœur...

LVI

Et pourtant, si ! — quelque chose lui disait qu'il en avait, du cœur, mais qu'il était un grand enfant que la vie de la mer avait perdu. Avec un attendrissement très doux, elle retrouvait sa figure noble et tranquille, sa voix, son sourire des bons moments où il était sage...

L'abandonner ?... A cette idée qu'il s'en irait seul, tout à fait perdu alors, et jetant tout au diable, livré à ses vices et à ceux des autres, recommencer sa vie de débauches avec d'autres femmes, naviguer au loin, puis vieillir seul, délaissé, épuisé par l'alcool !... oh ! à cette idée de le quitter, elle était prise d'une angoisse plus horrible que tout : elle sentait qu'elle était rivée à lui maintenant par un lien plus fort que toute raison, que toute volonté humaine. Elle l'aimait éperdument, sans avoir conscience de la grandeur de son amour... Non, plutôt, si elle ne pouvait pas l'en retirer, elle se laisserait rouler avec lui dans la dernière fange pour l'avoir encore dans ses bras jusqu'à l'heure de mourir.

LVII

Petit Pierre n'aimait pas du tout Brest, lui ; il trouvait que c'était vilain et que c'était noir.

Il y demeurait seulement depuis quatre mois, et déjà ses joues rondes avaient un peu pâli sous leur teinte brune. Avant, elles étaient pareilles à ces brugnons très mûrs des pays du Midi, qui sont d'une couleur chaude et dorée, d'un rouge taché de soleil.

Ses yeux étaient noirs et brillaient d'un éclat de jais, comme ceux de sa mère, entre de très longs cils charmants. Dans ses petits sourcils, il y avait déjà quelque chose de grave, qui était d'Yves.

Il était beau à peindre, avec son expression réfléchie, et ce petit air mâle et décidé qu'il prenait déjà comme un grand garçon.

De temps en temps, il avait bien encore des moments de gaîté très bruyante ; il sautait, sautait tout autour de la chambre triste, en faisant beaucoup de tapage.

Mais cela ne lui venait plus aussi souvent qu'à

Toulven. — Il regrettait, dans son petit souvenir encore vague, il regrettait les petits camarades du sentier de hêtres, et les cajoleries de ses grands-parents, et les chansons de sa vieille grand'mère. Là-bas, tout le monde s'occupait de lui, tandis qu'ici il était presque toujours seul.

Non, il n'aimait pas la ville. Et puis il avait toujours froid, dans cette chambre nue et dans ces vieux escaliers de pierre.

LVIII

« Il faut me pardonner ; tu vois bien que ce n'était plus moi. »

Quand une fois Yves avait dit cela, tout était bien fini ; mais c'était souvent très long à venir. Lorsque l'ivresse était passée, pendant deux ou trois jours, il restait sombre, morne, ne parlant plus, jusqu'au moment où son sourire s'épanouissait de nouveau tout à coup à propos d'un rien avec une expression de confusion très enfantine. — Alors le ciel se rouvrait pour la pauvre Marie, et elle lui souriait, elle aussi, d'une façon particulière, sans jamais dire un mot de reproche ; et c'était la fin de l'épreuve.

Une fois, elle osa lui demander très doucement :

— Au moins, ne reste pas trois jours à bouder après, quand c'est passé.

Et lui, encore plus bas, avec un demi-sourire très naïf, la regardant de côté, tout confus :

— Ne pas rester trois jours à bouder, tu dis ? Dame, est-ce que tu crois que je suis bien content de moi quand j'ai fait de ces coups... comme ceux-là ? Oh ! mais ça n'est pas contre toi, ma pauvre Marie, bien sûr.

Alors elle s'approcha plus près, s'appuyant contre son épaule, et lui, voyant ce qu'elle voulait, l'embrassa.

— Oh ! *la boisson ! la boisson !...* dit-il lentement ; ses yeux se détournant à demi fermés avec une expression farouche. Mon père ! mes frères !... à présent, c'est mon tour !

Il n'avait encore jamais rien dit de pareil. Ce vice terrible, il n'en parlait jamais, et il semblait qu'il ne s'en inquiétât pas.

... Comment ne pas avoir encore de petits moments d'espoir quand on le voyait ensuite si sage, si soumis, jouant au coin du feu avec son fils ; puis quittant tout à fait ses façons de seigneur, ayant pour sa femme mille petites prévenances douces, afin de lui faire oublier sa peine ?

Comment croire que cet Yves-là pourrait bientôt et fatalement redevenir l'*autre*, celui des mauvais jours, l'Yves au regard terne, l'Yves morne et brutal, la bête égarée d'alcool, que rien ne toucherait plus ? Alors Marie l'entourait davantage de sa tendresse, concentrait sur lui toute sa force de volonté, le veillait comme un petit enfant, tremblait en le suivant des yeux quand seulement il descendait dans cette rue où passaient les camarades à grand col bleu, et où s'ouvraient les portes des bouges.

... A terre, Yves était perdu ; il le sentait bien lui-même, et se disait tristement qu'il fallait essayer de repartir.

Il avait grandi sur mer, au hasard, à la façon des plantes sauvages. On ne s'était guère occupé jamais de lui donner des notions de devoir ni de conduite, ni de rien au monde. Moi seul peut-être, moi, que sa destinée et une prière de sa mère avaient mis sur son chemin, j'avais pu lui parler de ces choses nouvelles, mais trop tard sans doute, ou trop vaguement. La discipline du bord, c'était là le grand frein qui avait conduit seul sa vie matérielle, la maintenant dans cette austérité rude et saine qui fait les matelots forts.

La *terre* avait été longtemps pour lui un lieu de passage où l'on devenait libre et où il y avait des femmes ; on y descendait comme en pays conquis, entre les longs voyages ; alors on avait de l'argent, et, dans les quartiers de plaisir, on faisait tout plier devant ses caprices et sa force.

Mais vivre d'une vie régulière avec un petit ménage, compter ses dépenses chaque jour, se conduire soi-même et songer au lendemain, ses allures de matelot ne cadraient plus avec ces obligations imprévues. D'ailleurs, autour de lui, dans ce Brest abâtardi et pourri, l'alcool semblait suinter des murs avec l'humidité malsaine. Alors il tombait tout à fait bas comme tant d'autres qui, eux aussi, avaient été bons et braves ; il s'avilissait, se ravalait peu à peu au niveau de ce peuple d'ivrognes ; et sa débauche devenait repoussante et vulgaire comme une débauche d'ouvrier.

LIX

... Un jour, je reçus une lettre qui m'appelait au secours.

Elle était très simple, et ressemblait beaucoup à celle d'un enfant :

« Mon bon frère,

» Je ne sais comment vous dire, mais c'est vrai, je me suis mis à boire. Aussi je ne voulais pas demeurer dans Brest, vous le savez bien, car j'avais peur de cette chose.

» J'ai déjà été puni trois fois de fers à la Réserve, et maintenant je ne sais plus comment me débarrasser du bâtiment, car je vois bien qu'en restant à bord il m'arrivera quelque malheur.

» Mais il me semble que, si je pouvais embarquer encore près de vous, ce serait tout à fait ce qu'il me faudrait. Mon bon frère, puisque vous êtes bientôt pour repartir, si vous pouviez venir à Brest pour me prendre, je serais bien mieux qu'ici, et, pour sûr, cela me sauverait.

» Vous m'avez fait bien mal en me disant sur votre lettre que je n'aimais pas ma femme ni mon fils; car, pour elle et mon petit Pierre je ferais tout.

» Oui, mon bon frère, j'ai pleuré et je pleure encore dans le moment que je vous écris, et je ne vois plus, avec les larmes qui me sont dans les yeux.

» Je n'espère que vous voir venir. Je vous embrasse de tout mon cœur, en vous priant de ne pas oublier votre frère, malgré tous les chagrins qu'il vous donne.

» Bien à vous,

» YVES KERMADEC. »

LX

Un dimanche de décembre, je revins à Brest sans être annoncé et je descendis dans le quartier bas de la Grand'Rue, cherchant la maison d'Yves. En lisant les numéros des portes, je longeais toutes ces hautes constructions de granit, qui sont d'anciennes maisons de riches tombées aux mains du peuple : en bas, partout des cabarets ouverts ; en haut, des fenêtres à rideaux de pauvre, avec de dernières fleurs maladives, sur les appuis ; des chrysanthèmes morts, dans des pots.

C'était le matin. Des bandes de matelots circulaient déjà, dans leur belle tenue propre, chantant, commençant la fête du dimanche.

On respirait une brume blanche, une fraîcheur humide, — sensation nouvelle de l'hiver. — Comme j'arrivais de l'Adriatique, encore ensoleillée, les teintes de ce Brest me semblaient plus grises.

Au numéro 154, — au-dessus de l'enseigne : *A la pensée du beau canonnier*, — je montai trois étages d'un vieil escalier immense, et trouvai la chambre des Kermadec.

On entendait de la porte le bruit régulier d'un berceau. Petit Pierre, bien gâté tout de même, avait gardé cette habitude de se faire endormir, et Yves, seul avec son fils, était assis près de lui, le berçant d'une main, très lentement.

Il leva son regard triste, ému de me voir, mais osant à peine venir à moi, son expression disant : « Ah ! oui, frère, je sais, vous venez pour me prendre ; c'était bien ce que j'avais demandé ; mais... mais je ne vous attendais peut-être pas si vite ; et de m'en aller, cela va me faire souffrir... »

Physiquement, Yves avait changé beaucoup. Il était devenu plus pâle, à l'abri du hâle de mer ; son expression était différente, moins assurée, et presque douloureuse. Il avait souffert, on le voyait bien : mais, sur sa figure, toujours marmoréenne, incolore, le vice n'avait pu imprimer aucune trace.

Je regardais tout autour de moi avec une impression de surprise et un serrement de cœur ; en effet, je n'avais pas prévu ce que pourrait être, à terre et dans une ville, le logis de mon frère Yves. Il était bien différent de ces logis de mer où je l'avais longtemps connu : les hunes, pleines de vent et de soleil. Ici, maintenant, au milieu de ces réalités pauvres, je me trouvais, comme lui sans doute, dépaysé et mal à l'aise.

Marie était dehors, à la fontaine, et petit Pierre dormait bien, ses longs cils de petit enfant reposés sur ses joues. Nous étions seuls l'un devant l'autre, et, comme il avait peur de se retrouver ainsi en face de moi, vite il parla d'embarquement, de départ.

Une permutation sur la *liste* me mettait à Brest le premier à partir; on allait armer deux ou trois bateaux, — pour la station de Chine, pour les mers du Sud, pour le Levant; — et il fallait s'attendre, d'une ~ure à l'autre, à une de ces destinations-là.

La semaine qui suivit fut une de ces périodes agitées comme on en traverse souvent dans les existences maritimes : vivre en camp volant à l'hôtel dans le désordre des malles à moitié défaites, ignorant la route qu'on prendra demain ; s'occuper d'une quantité de choses, service au port et préparatifs de campagne ; — et puis des allées et venues, des démarches pour Yves, afin de le retirer de cette Réserve et de le garder sous ma main, prêt à partir avec moi.

Les journées de décembre, très courtes, très sombres, s'enfuyaient vite. Je montais souvent, quatre à quatre, le vieil escalier sordide des Kermadec ; — et Marie, toujours anxieuse des premiers mots que j'allais dire, me souriait tristement, avec une confiance respectueuse et résignée, attendant ma décision.

LXI

En rade de Brest, 23 décembre 1880.

Une nuit de décembre, claire et froide ; — un grand calme sur la mer, un grand silence à bord.

Dans une très petite chambre de navire, qui est peinte en blanc et qui a des murs de fer, Yves est assis près de moi sur des malles, des caisses ouvertes. C'est encore le désarroi de l'arrivée ; il faudra s'installer et se faire un chez-soi dans ce réduit qui va bientôt nous promener au milieu des lames ou des houles de l'hiver.

Tous ces embarquements prévus, ces longues campagnes projetées, n'ont pas abouti. Et je me trouve tout simplement sur cette *Sèvre* qui ne quittera pas les côtes bretonnes. Depuis ce matin, Yves est de l'équipage, et nous voilà ensemble encore, à vue humaine, pour un an. Étant donné notre métier, c'est là un bonheur qui nous arrive ; nous pouvions d'un moment à l'autre nous quitter pour toujours. Et Yves a donné joyeusement cent francs de sa bourse au marin qui a consenti à lui céder sa place.

Va pour cette *Sèvre*, puisque le sort nous y a jetés. Cela nous rappellera le temps déjà lointain où nous naviguions tous deux sur la *Mer brumeuse* protégée par le *clocher à jour*.

Mais j'aurais mieux aimé être envoyé ailleurs, quelque part au soleil ; pour Yves surtout, j'aurais voulu l'emmener plus loin de Brest, plus loin des mauvais amis et des tavernes de la côte.

LXII

En mer, 25 décembre, Noël.

C'était le surlendemain, de très bonne heure, au petit jour. Je montais sur le pont, ayant à peine dormi un moment, après un *quart de minuit à quatre heures* très dur : nous avions été malmenés toute la nuit par grand vent et grosse mer.

Yves était là, tout mouillé, mais très à son aise dans son élément, et, dès qu'il me vit paraître, il me montra de la main, en souriant, un pays singulier duquel nous nous approchions.

Des falaises grises muraient les lointains de l'horizon comme un long rempart. — Une espèce de calme venait de se faire dans les eaux, bien que le vent continuât de nous envoyer sa poussée furieuse. Au ciel, des nuées sombres et lourdes glissaient les unes sur les autres, très vite : toute une voûte de plomb en mouvement ; des choses immenses, obscures, qui se déformaient, qui semblaient très pressées de passer, de courir ailleurs, comme prises du vertige de quelque chute prochaine et formidable. Autour de nous, des milliers d'écueils, des têtes noires qui se dressaient partout au milieu de cet autre remuement argenté que les lames faisaient; on eût dit d'immenses troupes de bêtes marines. A porte de vue, il y en avait toujours, de ces dangereuses têtes noires, la mer en était couverte. Et puis, là-bas, sur la falaise lointaine, les silhouettes de trois clochers très vieux, ayant l'air plantés là tout seuls au milieu d'un désert de granit, l'un dominant de beaucoup les deux autres et dressant sa haute taille comme un géant qui observe et qui préside...

Ah! oui!... je le reconnaissais bien, celui-là, et, comme Yves, je le saluai d'un sourire; un peu inquiet cependant de le voir reparaître si près de nous, et au milieu de cette fête de ténèbres, un matin où je ne l'attendais pas... Qu'étions-nous venus faire là, dans son voisinage? Cela n'entrait pas dans nos projets, je ne comprenais plus.

C'était une décision brusque du commandant, prise pendant mon heure de sommeil: venir à l'entrée de la rade du Taureau, tout près de Saint-

Pol-de-Léon, chercher un abri contre le vent du sud, la mer au large s'étant fait trop grosse pour nous.

... Et voilà comment, à son retour dans la *Mer brumeuse*, la première visite d'Yves fut pour son clocher.

LXIII

Cherbourg, 27 décembre 1880.

A sept heures du matin, on me rapporte Yves, au fond d'un canot, ivre-mort. Ce sont d'anciens amis, des gabiers de la *Vénus*, qui l'ont traîné toute la nuit dans les bouges, — pour fêter leur retour des Antilles.

Je suis de quart. Personne encore sur le pont ; seulement quelques matelots qui font leur *fourbissage*, — mais des dévoués, ceux-là, connus de longue date, et sur qui on peut compter. Quatre hommes l'enlèvent, le descendent furtivement par un panneau et le cachent dans ma chambre.

Mauvais début à bord de cette *Sèvre*, où je l'avais pris sous ma garde, comme en punition, et où il avait promis d'être exemplaire. Cette idée sombre me venait pour la première fois, qu'il était perdu, bien perdu, malgré tout ce que je pourrais tenter pour le sauver de lui-même. Et aussi cette autre réflexion, plus désolante encore, que peut-être il lui manquait quelque chose dans le cœur...

... Tout le jour, Yves ressemble à un mort.

Il a perdu son bonnet, son porte-monnaie, son sifflet d'argent, et s'est fait un trou dans la tête.

Vers six heures du soir seulement, il donne signe de vie. Comme un enfant qui se réveille, il sourit (il est encore ivre, sans cela il ne sourirait pas) et demande à manger.

Alors je dis à Jean-Marie, mon domestique fidèle, un pêcheur d'Audierne :

— Va-t'en à l'office du *carré*, lui chercher de la soupe.

Jean-Marie apporte cette soupe, et Yves est là qui tourne, retourne sa cuiller, n'ayant plus l'air de se rappeler par quel bout ça peut bien se prendre.

— Allons, Jean-Marie, fais-le manger, va !

— Elle est trop salée !... dit Yves tout à coup, se reculant, faisant la grimace, l'accent très breton, les yeux encore à moitié fermés.

— Trop salée!... trop salée!...

Puis il se rendort, et, Jean-Marie et moi, nous éclatons de rire.

J'étais fort triste pourtant, mais cette idée et cet aplomb d'enfant gâté étaient bien drôles...

... Le soir, à dix heures, Yves, revenu à lui-même, se leva furtivement, et disparut.

Pendant deux jours, il se tint caché sur l'avant du navire, dans le poste de l'équipage, ne montant que pour son quart et pour la manœuvre, baissant la tête, n'osant plus me voir.

Oh! ces résolutions qu'on a reprises vingt fois, qu'on n'a pas su tenir... on n'ose plus les reprendre encore, ou du moins on n'ose plus le dire... et on s'affaisse, inerte, laissant passer les jours, attendant le courage et l'estime de soi-même, qui ne reviennent pas...

Peu à peu cependant nous avions retrouvé notre manière d'être habituelle. Je l'appelais le soir, et il venait faire auprès de moi cette longue promenade automatique des marins, qui dure des heures entre les mêmes planches. Nous causions à peu près comme autrefois, sous le vent triste, sous la pluie fine. C'était bien toujours sa même façon, à la fois très naïve et très profonde, de penser et de dire ; c'était la même chose, avec je ne sais quelle contrainte, quelle glace entre nous deux, qui ne pouvait plus se fondre. J'attendais un mot de repentir qui ne venait pas.

L'hiver s'avançait, cet hiver de la Manche, qui enveloppe tout, — les idées, les êtres et les choses. — dans le même crépuscule gris. Les grands froids sombres étaient arrivés, et nous faisions notre promenade de chaque soir plus vite, pressant le pas sous le vent humide de la mer.

Quelquefois j'avais envie de lui dire en serrant sa main bien fort : « Allons, frère, je t'ai pardonné, va ; n'y pensons plus. » Cela s'arrêtait sur mes lèvres : après tout, c'était à lui de me demander pardon ; et alors, je gardais une espèce de froideur hautaine qui l'éloignait de moi.

Non, cette *Sèvre* décidément ne nous réussissait pas...

LXIV

Petit Pierre est à Plouherzel, qui essaye de jouer devant la porte de sa grand'mère ; — tout dépaysé en regardant là-bas cette nappe d'eau immobile avec cette grande forme de bête qui semble dormir au milieu, derrière un voile de brume. On est bien au grand air ici, mais le vent y est plus âpre qu'à Toulven, la campagne plus désolée ; et les enfants sentent tout cela d'instinct ; en présence des tristesses des choses, ils ont des mélancolies et des silences involontaires, — comme les petits oiseaux.

Voilà bien deux petits camarades qui arrivent d'une chaumière voisine pour le voir, lui, le nouveau venu. Mais ce ne sont plus ceux de Toulven, ceux-ci ; ils ne connaissent pas les mêmes jeux ; les quelques petits mots qu'ils savent dire ne sont plus du même breton. Alors, n'osant pas trop ni les uns ni les autres, ils sont là tous trois qui s'observent, avec des petits sourires, avec des petites mines comiques.

... C'est hier que petit Pierre est arrivé à Plouherzel avec Marie Kermadec. Yves a écrit à sa femme de faire bien vite ce voyage ; une idée lui est venue tout d'un coup, un espoir, que cela les réconcilierait peut-être avec sa mère. C'est que la vieille femme, toujours dure et volontaire, après avoir d'abord refusé net son consentement à leur mariage, ne l'a donné ensuite que de mauvaise grâce, et, depuis, ne veut plus seulement faire réponse à leurs lettres.

Pauvre vieille délaissée !... De treize enfants que Dieu lui avait donnés, trois sont morts tout petits. Sur huit garçons qui ont grandi, tous marins, la mer lui en a pris sept, — sept, qui ont disparu dans des naufrages, ou bien qui ont passé à l'étranger, comme Gildas et Goulven.

Ses filles, mariées, dispersées. Des deux plus jeunes, qui demeuraient au logis, l'une a épousé un *Islandais*, qui l'a emmenée à Tréguier ; l'autre, la tête tournée de religion, s'est mis en l'esprit d'entrer au couvent des Dames de Saint-Gildas du Secours.

Restait la toute petite, l'enfant abandonnée de Goulven. Ah ! elle s'était mise à la chérir, celle-là ! — une fille naturelle, cependant, — mais la dernière épave de ce long naufrage qui lui avait emporté, l'un après l'autre, tous les autres. La petite aimait aller regarder la marée monter, au bord du lac d'eau marine. On le lui avait défendu pourtant. Mais, un jour, elle y était allée toute seule, et on ne l'a plus vue revenir. La marée suivante a rapporté un petit cadavre raidi, une petite fille de cire blanche, qu'on a couchée près de la chapelle, sous une croix de bois et une bosse de gazon vert.

Elle avait encore un espoir en son fils Yves, le dernier, le plus chéri, parce qu'il était resté le plus longtemps au foyer... Peut-être, au moins, celui-là reviendrait-il quelque jour habiter près d'elle !

Mais non, cette Marie Keremenen le lui avait pris ; et, en même temps, — chose qui comptait aussi dans sa rancune, — elle lui avait enlevé l'argent que ce fils lui envoyait autrefois pour l'aider à vivre.

Et, depuis deux ans, elle était seule, toute seule, jusqu'à son dernier jour.

Pour obéir à Yves, Marie est venue hier, après deux journées de voyage, frapper à cette porte avec son enfant. Une vieille femme, aux traits durs, qu'elle a reconnue tout de suite sans jamais l'avoir vue, est venue lui ouvrir.

— Je suis Marie, la femme d'Yves... Bonjour, ma mère !

— La femme Yves ! la femme d'Yves !... Et, alors, c'est donc le petit Pierre, celui-ci ? c'est donc mon petit-fils ?

Tout de même son œil s'était adouci en regardant ce petit-fils. Elle les avait fait entrer, bien manger, bien se chauffer, et leur avait préparé son meilleur lit. Mais, c'est égal, c'était toujours un froid, une glace que rien ne pouvait fondre.

Dans les coins, en se cachant, la grand'mère embrassait son petit-fils avec amour; mais, devant Marie, jamais ! toujours raide, revêche.

Quelquefois on causait d'Yves, et Marie disait timidement que, depuis leur mariage, il se corrigeait beaucoup.

— Tra la la la !... se corriger !... répétait la vieille mère, en prenant son air mauvais. Tra la la la, ma fille !... se corriger !... C'est la tête de son père, c'est la même chose, c'est tout pareil, et vous n'avez pas fini d'en voir avec lui; moi, je vous le dis.

Alors la pauvre Marie, le cœur gros, ne sachant plus que répondre, ni que dire tout le long du jour, ni que faire d'elle-même, attendait avec impatience le temps fixé par Yves pour repartir. Et, bien sûr, elle ne reviendrait plus.

LXV

Au sortir de Paimpol, Marie est remontée avec son fils dans la diligence, qui s'ébranle et les emmène. Par la portière, elle regarde sa belle-mère, qui est tout de même venue de Plouherzel les conduire jusqu'à la ville, mais qui leur a dit un bonjour glacial, un bonjour bref à faire mal au cœur.

Elle la regarde, et elle ne comprend plus : la voilà qui court maintenant, qui court après la voiture, — et puis sa figure qui change, qui leur fait comme une grimace. Qu'est-ce qu'elle leur veut ? Et Marie regarde presque effrayée. Elle grimace toujours. Ah!... c'est qu'elle pleure! Ses pauvres traits se contractent tout à fait, et voici les larmes qui coulent... Elles se comprennent maintenant toutes les deux.

— Pour l'amour de Diou! faites arrêter la voiture, monsieur, dit Marie à un *Islandais* qui est assis près d'elle, et qui a compris, lui aussi ; car il passe son bras au travers du petit carreau de devant et tire le conducteur par sa manche.

La voiture s'arrête. La grand'mère, qui a toujours couru, est là derrière, à toucher le marchepied ; elle leur tend les mains, et sa figure est toute baignée de larmes.

Marie est descendue, et la vieille femme, la serrant dans ses bras, l'embrassant, embrassant petit Pierre :

— O ma chère fille, que le bon Dieu t'accompagne !

Et elle pleure à sanglots.

— Voyez-vous, ma fille, avec Yves, il faut être très douce, le prendre par le cœur ; vous verrez que vous pourrez être heureuse avec lui. Moi, j'ai peut-être trop montré les gros yeux à son pauvre père. Dieu vous bénisse, ma chère fille !...

Et les voilà, unies dans le même amour pour Yves, et pleurant ensemble.

— Allons, les femmes ! crie le conducteur, quand vous aurez fini de frotter vos museaux ?

Il faut arracher l'une de l'autre. Et Marie, rassise dans son coin, regarde en s'éloignant, avec ses yeux pleins de larmes, la vieille femme, qui s'est affaissée en sanglotant, sur une borne, tandis que petit Pierre, avec sa petite main potelée, lui fait adieu par la portière.

LXVI

1ᵉʳ janvier 1881.

Au fond de l'arsenal de Brest, un peu avant le jour, le premier matin de l'année 1881, — un lieu triste, ce fond de port ; la *Sèvre* y était amarrée depuis une semaine.

En haut, le ciel avait commencé à blanchir entre les grandes murailles de granit qui nous enfermaient. Les réverbères, très rares, donnaient dans la brume leur dernière petite lumière jaune. Et on voyait déjà des silhouettes de choses formidables qui se dessinaient, éveillant des idées de rigidité méchante ; des machines haut perchées, des ancres énormes dressant leurs pattes noires ; toute sorte de formes indécises et laides, et puis des navires désarmés, avec leurs gigantesques tournures de poisson, immobiles sur leurs chaînes, comme de gros monstres morts.

Un grand silence dans ce port, et un froid mortel...

Il n'y a pas de solitude comparable à celle des

arsenaux de la marine de guerre pendant les nuits, surtout pendant les nuits de fête. Aux approches du coup de canon de retraite, tout le monde s'enfuit comme d'un lieu pestiféré; des milliers d'hommes sortent de partout, grouillant comme des fourmis, se hâtant vers les portes. Les derniers courent, pris d'une frayeur d'arriver trop tard et de trouver les grilles fermées. Le calme se fait. Et puis, la nuit, plus personne, plus rien.

De loin en loin, une ronde passe, hélée par les sentinelles et disant tout bas les mots convenus. Et puis le peuple silencieux des rats débouche de tous les trous, prend possession des navires déserts, des chantiers vides.

De garde à bord depuis la veille, je m'étais endormi très tard, dans ma chambre glaciale aux murailles de fer. J'étais inquiet d'Yves, et, cette nuit-là, ces chants, ces cris de matelots, qui m'arrivaient de très loin, des mauvais quartiers de la ville, m'apportaient une tristesse.

Marie et le petit Pierre étaient à faire leur voyage à Plouherzel en Goëllo, et lui, Yves, avait voulu quand même passer cette soirée à terre dans Brest, pour fêter le nouvel an avec d'anciens amis.

J'aurais pu l'arrêter en le priant de rester me tenir compagnie; mais toujours cette glace, entre nous deux, qui persistait : je l'avais laissé partir. Et cette nuit du 31 décembre, c'est précisément la nuit dangereuse, où il semble que tout Brest soit pris d'un vertige d'alcool...

En montant sur le pont, je saluai assez tristement ce premier matin de l'année nouvelle et je commençai la promenade machinale, les cent pas du quart, en songeant à mille choses passées.

Surtout je songeais beaucoup à Yves, qui était ma préoccupation présente. Depuis quinze jours, sur cette *Sèvre*, il me semblait voir lentement s'en aller, d'heure en heure, l'affection de ce frère simple qui avait été longtemps mon seul vrai ami au monde. D'ailleurs, je lui en voulais durement de ne pas savoir mieux se conduire, et il me semblait que, moi aussi, je l'aimais moins...

Un oiseau noir passa au-dessus de ma tête, jetant dans l'air un croassement lamentable.

Allons bon! dit un matelot, qui faisait dans l'obscurité sa toilette matinale à grande eau froide, en voilà un qui nous souhaite la bonne année!...

Sale bête de malheur ! Ah bien, c'est signe que nous en verrons de belles !

... Yves rentra à sept heures, marchant très droit, et répondit à l'appel. Après, il vint à moi, comme de coutume, me dire bonjour.

A ses yeux un peu ternis, à sa voix un peu changée, je vis bien vite qu'il n'avait pas été complètement sage. Alors je lui dis d'un ton de commandement brusque :

— Yves, il ne faudra pas retourner à terre aujourd'hui.

Et puis j'affectai de parler à d'autres, ayant conscience d'avoir été trop dur, et mécontent de moi-même.

Midi. — L'arsenal, les navires se vidaient, se faisaient déserts comme les jours de grande fête. De partout, on voyait sortir les matelots, bien propres dans leur tenue des dimanches, s'époussetant d'une main empressée, s'arrangeant les uns aux autres leur grand col bleu, et vite, d'un pas alerte, gagnant les portes, s'élançant dans Brest.

Quand vint le tour de ceux de la *Sèvre*, Yves parut avec les autres, bien brossé, bien lavé, bien décolleté, dans ses plus beaux habits.

— Yves, où vas-tu ?

Lui, me regarda d'un mauvais regard que je ne lui connaissais pas, et qui me défiait, et où je lisais encore la fièvre et l'égarement de l'alcool.

— Je vais retrouver mes amis, dit-il, des marins de mon pays, auxquels j'ai promis, et qui m'attendent.

Alors j'essayai de le raisonner, le prenant à part; obligé de dire tout cela très vite, car le temps pressait, obligé de parler bas et de garder un air très calme, car il fallait dissimuler cette scène aux autres, qui étaient là, tout près de nous. Et je sentais que je faisais fausse route, que je n'étais plus moi-même, que la patience m'abandonnait. Je parlais de ce ton qui irrite, mais qui ne persuade pas.

— Oh! si, je vous jure, j'irai! dit-il à la fin en tremblant, les dents serrées ; à moins de me mettre aux fers aujourd'hui, vous ne m'en empêcherez pas.

Et il se dégageait, me bravant en face pour la première fois de sa vie, s'en allant pour rejoindre les autres.

— Aux fers?... Eh bien, oui, Yves, tu iras !

Et j'appelai un sergent d'armes, lui donnant tout haut l'ordre de l'y conduire.

Oh ! ce regard qu'il me jeta en se rendant aux fers, obligé de suivre le sergent d'armes, qui l'emmenait là, devant tout le monde, de descendre dans la cale avec ses beaux habits du dimanche !... Il était dégrisé, assurément ; car il regardait profond et ses yeux étaient clairs. Ce fut moi qui baissai la tête sous cette expression de reproche, d'étonnement douloureux et suprême, de désillusion subite et de dédain.

Et puis je rentrai chez moi...

Était-ce fini entre nous deux ? Je le croyais. Cette fois, je l'avais bien perdu.

Avec son caractère breton, je savais qu'Yves ne reviendrait pas ; son cœur, une fois fermé, ne se rouvrirait plus.

Je venais d'abuser de mon autorité contre lui et il était de ceux qui, devant la force, se cabrent et ne cèdent plus.

... J'avais prié l'officier de garde de me laisser pour ce jour-là continuer le service, n'ayant pas le courage de quitter le bord. — et je me promenais toujours sur ces éternelles planches.

L'arsenal était désert entre ses grands murs. — Personne sur le pont. — Des chants très lointains, arrivant des basses rues de Brest. — Et en bas, dans le poste de l'équipage, la voix des matelots de garde criant à intervalles réguliers les nombres du *loto* avec toujours ces mêmes plaisanteries de bord, qui sont très vieilles et qui les font rire :

— 22, les deux fourriers à la promenade !

— 33, les jambes du maître coq !

Et mon pauvre Yves était au-dessous d'eux, à fond de cale, dans l'obscurité, étendu sur les planches par ce grand froid avec la boucle au pied.

Que faire ?... Donner l'ordre de le mettre en liberté et de me l'envoyer ? Je devinais parfaitement ce qu'elle pourrait être, cette entrevue : lui debout, impassible, farouche, m'ôtant très respectueusement son bonnet, et me bravant par son silence, en détournant les yeux.

Et puis, s'il refusait de venir, — et il en était très capable en ce moment, — alors... ce refus d'obéissance... comment le sauver de là ensuite ? comment le tirer de ce gâchis que j'aurais été commettre entre nos affaires à nous et les choses aveugles de la discipline ?....

Maintenant, la nuit tombait, et il y avait près de

cinq heures qu'Yves était aux fers. Je songeais au petit Pierre et à Marie, aux bonnes gens de Toulven, qui avaient mis leur espoir en moi, et puis à un serment que j'avais fait à une vieille mère de Plouherzel.

Surtout, je sentais que j'aimais toujours mon pauvre Yves comme un frère... Je rentrai chez moi, et vite je me mis à lui écrire ; ce devait être le seul moyen entre nous deux ; avec nos caractères, les explications ne nous réussissaient jamais. — Je me dépêchais, j'écrivais en grosses lettres, pour qu'il pût lire encore : la nuit venait vite, et, dans l'arsenal, la lumière est chose défendue.

Et puis je dis au sergent d'armes :

— Allez chercher Kermadec, et amenez-le parler à *l'officier de quart*, ici dans ma chambre.

J'avais écrit :

« Cher frère,

» Je te pardonne et je te demande de me pardonner aussi. Tu sais bien que nous sommes frères maintenant et que, malgré tout, c'est à la vie à la mort entre nous deux. Veux-tu que tout ce que nous avons fait et dit sur la *Sèvre* soit oublié, et veux-tu essayer encore une fois une grande résolution d'être sage? Je te le demande au nom de ta mère. Écris seulement oui au bas de ce papier, veux-tu? et tout sera fini, nous n'en reparlerons plus.

« PIERRE. »

Quand Yves se présenta, sans le regarder, ni attendre de réponse, je lui dis simplement :

— Lis ceci que je viens d'écrire pour toi, et je m'en allai, le laissant seul.

Lui lut vite parti, comme s'il avait eu peur de mon retour, et, dès que je l'entendis s'éloigner, je rentrai pour voir.

Au bas de mon papier, — en lettres encore plus grosses que les miennes, car la nuit arrivait toujours, — il avait écrit :

« Oui frère ! »

et signé : « YVES. »

LXVII

— Jean-Marie, dépêche-toi d'aller dire à Yves que je l'attends là, à terre, sur le quai !

C'était dix minutes après. Il fallait bien se voir,

après s'être écrit, pour que la réconciliation fût complète.

Quand Yves arriva, il avait sa figure changée, et son bon sourire, que je n'avais plus vu depuis bien longtemps. Je pris sa main, sa pauvre main de gabier dans les miennes; il fallait la serrer très fort pour qu'elle sentît la pression, car le travail l'avait beaucoup durcie.

— Aussi, pourquoi m'avez-vous fait cela? Ce n'était pas bien, allez!

Et ce fut tout ce qu'il trouva à me dire, en manière de reproche.

Nous n'étions pas astreints à la garde de nuit sur cette *Sèvre*.

— Sais-tu, Yves, nous allons passer cette soirée de premier de l'an ensemble à terre, dans Brest, et tu dîneras en face de moi, *à la Bourse*. Cela ne nous est jamais arrivé, et cela nous amusera. Vite, va faire épousseter ton dos (il s'était tout sali dans la cale aux fers), et allons-nous-en.

— Oh! mais dépêchons-nous, alors. Plutôt, je m'épousseterai chez vous, dans votre chambre de terre. Le canon va tirer, nous n'aurons jamais le temps de sortir.

Nous étions justement tout au fond du port, très loin des portes et nous voilà partis courant presque.

Allons, bien ! le coup de canon, à moitié route et nous sommes pris !

Obligés de rentrer à bord de cette *Sèvre*, où il fait froid et où il fait noir.

Au *carré*, il y a un méchant fanal, allumé dans une cage grillée par le pompier de ronde et pas de feu. — C'est là que nous passons notre soirée de premier de l'an, privés de dîner par notre faute, mais contents tout de même de nous être retrouvés et d'avoir fait la paix.

Pourtant quelque chose encore préoccupait Yves.

— Je n'ai pas pensé à vous dire cela plus tôt : vous auriez peut-être mieux fait de me remettre aux fers jusqu'à demain matin, à cause des autres, voyez-vous, qui n'auront pas trop compris...

Mais sur sa conduite à venir, il n'avait plus d'inquiétude et se sentait ce soir très fort de lui-même.

— D'abord, disait-il, j'ai trouvé une manière sûre : je ne descendrai plus jamais à terre qu'avec vous, quand vous m'emmènerez. — Ainsi, comme ça, vous comprenez bien...

LXVIII

Dimanche, 31 mars 1881.

Toulven, au printemps; les sentiers pleins de primevères. Un premier souffle un peu tiède passe et surprend délicieusement, passe sur les branchages des chênes et des hêtres, sur les grands bois effeuillés, et nous apporte, dans cette Bretagne grise, des effluves d'ailleurs, des ressouvenirs de pays lumineux. Un été pâle va venir, avec de longues, longues soirées douces.

Nous sommes tous sortis sur la porte de la chaumière, les deux vieux Keremenen, Yves, sa femme, et puis Anne, la petite Corentine et le petit Pierre. Des chants d'église, que nous avions d'abord entendus dans le lointain, se rapprochent très lentement. C'est la procession qui arrive d'un pas rythmé, la première procession du printemps.
— La voilà dans le chemin vert, — elle va passer devant nous.

— Monte-moi, parrain, monte.... dit petit

Pierre, qui me tend les bras pour se faire prendre à mon cou, pour mieux voir.

Mais Yves le veut pour lui, et, l'enlevant très haut, le pose, tout debout sur sa tête ; alors petit Pierre sourit de se trouver si grand, et plonge ses mains dans les branches moussues des vieux arbres.

La bannière de la Vierge passe, portée par deux jeunes hommes recueillis et graves. Tous les hommes de Trémeulé et de Toulven la suivent, tête nue, jeunes et vieux, leur feutre bas, de longs cheveux, blonds ou blanchis par l'âge, qui tombent sur des vestes bretonnes ornées de broderies vieilles.

Toutes les femmes viennent derrière : des corselets noirs tout brodés d'yeux, un petit brouhaha contenu de voix qui prononcent des mots celtiques, un remuement de grandes choses en mousseline blanche sur les têtes. La vieille sage-femme défile la dernière, courbée et trottant menu, toujours avec son allure de fée ; elle nous adresse un signe de connaissance et menace petit Pierre, par plaisanterie, du bout de son bâton.

Cela s'éloigne et le bruit aussi...

Maintenant nous voyons, par derrière et de loin

toute cette file qui monte entre les étroites parois de mousse, tout ce plein sentier de coiffes à grandes ailes et de collerettes blanches.

Cela s'en va, en zigzags, montant toujours vers Saint-Éloi de Toulven. C'est très bizarre, cette queue de procession.

— Oh !... toutes ces coiffes ! dit Anne, qui a fini son chapelet la première, et qui se met à rire, saisie de l'effet de toutes ces têtes blanches élargies par les tuyaux de mousseline.

C'est fini, — perdu dans les lointains de la voûte de hêtres ; — on ne voit plus que le vert tendre du chemin, et les touffes de primevères semées partout : végétations hâtives qui n'ont pas pris le temps de voir le soleil, et qui se pressent sur la mousse en gros bouquets compacts, d'un jaune pâle de soufre, d'une teinte laiteuse d'ambre. Les Bretons les appellent *fleurs de lait*.

Je prends petit Pierre par la main, et l'emmène avec moi dans les bois, pour laisser Yves seul avec ses parents. Ils ont des affaires très graves, paraît-il, à discuter ensemble ; toujours ces questions d'intérêt et de partage qui, à la campagne, tiennent une si grande place dans la vie.

Cette fois, il s'agit d'un rêve qu'ils ont fait tous deux, Yves et sa femme : réunir tout leur avoir et bâtir une petite maison, *couverte en ardoise*, dans Toulven. J'aurai ma chambre à moi, dans cette petite maison, et on y mettra des vieilleries bretonnes que j'aime, et des fleurs et des fougères. Ils ne veulent plus demeurer dans les grandes villes, ni dans Brest surtout ; — *c'est trop mauvais pour Yves.*

— Comme ça, dit-il, c'est vrai que je n'habiterai pas bien souvent chez moi ; mais, quand je pourrai y venir, nous y serons tout à fait heureux. Et puis vous comprenez, c'est surtout pour plus tard, quand j'aurai ma retraite ; je serai très bien dans ma maison, avec mon petit jardin.

La retraite !... Toujours ce rêve que les matelots commencent à faire en pleine jeunesse, comme si leur vie présente n'était qu'un temps d'épreuve. Prendre sa retraite, vers quarante ans ; après avoir fait les cent coups par le monde, posséder un petit coin de terre à soi, y vivre très sage et n'en plus sortir ; devenir quelqu'un de posé dans son hameau, dans sa paroisse, — marguillier après avoir été rouleur de mer ; vieux diable, se faire bon ermite, bien tranquille... combien d'entre eux sont fauchés avant de l'atteindre, cette heure plus paisible de l'âge mûr ? Et, pourtant, interrogez-les, ils y songent tous.

Cette *manière sûre* qu'Yves avait trouvée pour être sage lui avait réussi très bien ; à bord, il était le marin exemplaire qu'il avait toujours été, et, à terre, nous ne nous quittions plus.

A dater de cette mauvaise journée qui avait commencé l'an 81, notre façon d'être ensemble avait complètement changé, et je le traitais à présent tout à fait en frère.

Sur cette *Sèvre*, un très petit bateau où nous vivions, entre officiers, dans une intimité bien cordiale, Yves était maintenant de notre bande. — Au théâtre, dans notre loge ; de part dans nos entreprises généralement quelconques. Lui, intimidé d'abord, refusant, se dérobant, avait fini par se laisser faire, parce qu'il se sentait aimé de tous. Et moi, j'espérais dans ce moyen nouveau et peut-être étrange, le rapprocher de moi le plus possible et l'élever au-dessus de sa vie passée, de ses amis d'autrefois.

Cette chose qu'on est convenu d'appeler éducation, cette espèce de vernis, appliqué d'ailleurs assez grossièrement sur tant d'autres, manquait tout à fait à mon frère Yves; mais il avait par nature un certain tact, une délicatesse beaucoup plus rares et qui ne se donnent pas. Quand il était avec nous, il se tenait si bien à sa place toujours, que lui-même commençait à s'y trouver à l'aise. Il parlait très peu, et jamais pour dire ces choses banales que tout le monde a dites. Et même, lorsqu'il quittait sa tenue de marin pour prendre certain costume gris fort bien ajusté avec des gants de Suède d'une nuance assortie, alors, tout en gardant sa désinvolture de forban, sa tête en arrière et sa peau bronzée, il prenait tout à coup fort grand air.

Cela nous amusait, de le mener avec nous, de le présenter à de braves gens auxquels son silence et sa carrure imposaient, et qui le trouvaient dédaigneux. Et c'était drôle, le lendemain, de le voir redevenu matelot, aussi bon gabier que devant.

... Donc, nous étions dans les bois de Toulven, petit Pierre et moi, à chercher des fleurs pendant le conseil de famille.

Nous en trouvions beaucoup, des primevères

jaune pâle, des pervenches violettes, des bourraches bleues, et même des silènes roses, les premières du printemps.

Petit Pierre en ramassait tant qu'il pouvait, très agité, ne sachant jamais auxquelles courir, et poussant de gros soupirs, comme accablé d'une besogne très importante ; il me les apportait bien vite par petits paquets, toutes mal cueillies, à moitié chiffonnées dans ses petits doigts, et la queue trop courte.

De la hauteur où nous étions, on voyait des bois à perte de vue ; les *épines-noires* étaient déjà fleuries ; toutes les branches, toutes les brindilles rougeâtres, pleines de bourgeons, attendaient le printemps. Et, là-bas, l'église de Toulven dressait au milieu de ce pays d'arbres sa flèche grise.

Nous étions restés si longtemps dehors, qu'on avait mis Corentine en vigie dans le sentier vert pour annoncer notre retour. Nous la voyions de loin qui sautait, qui sautait, qui faisait le diable toute seule, avec sa grande coiffe et sa collerette au vent. Et elle criait bien fort :

— Les voilà qui arrivent, Pierre *brass* et Pierre *vienn* ? (Pierre grand et Pierre petit) en se donnant la main tous deux.

Et elle tournait la chose en chanson et la chantait sur un air de Bretagne très vif, en dansant en mesure :

> Les voilà qui arrivent !
> Et ils se donnent la main tous deux,
> Pierre brass et Pierre vienn !

Sa grande coiffe et sa collerette au vent, elle dansait comme une petite poupée devenue folle. Et la nuit tombait, nuit de mars, toujours triste, sous la voûte effeuillée, des vieux arbres. Un froid courait tout à coup comme un frisson de mort sur les bois, après le soleil tiède du jour :

> Et ils se donnent la main tous deux,
> Pierre brass et Pierre vienn !
> Et Pierre vienn *Bugel-du !*

Bugel-du (le petit bonhomme noir), ce même surnom qu'Yves avait porté, elle le donnait à son petit cousin Pierre, toujours à cause de cette couleur bronzée des Kermadec. Alors je l'appelai : *Moisel vienn pen-melen* (petite demoiselle à la tête jaune), et ce nom lui resta ; il lui allait bien, à cause de ses cheveux toujours échappés de sa coiffe, comme des écheveaux de soie couleur d'or.

Tout le monde avait l'air heureux dans la chaumière, et Yves me prit à part pour me dire qu'on s'était très bien entendu. Le vieux Corentin leur donnait deux mille francs, et une tante leur en prêtait mille autres. Avec cela, ils pourraient acheter un terrain à terme et commencer tout de suite à bâtir.

Après dîner, vite il fallut aller prendre la voiture à Toulven, et le train à Bannalec. Yves et moi, nous nous en retournions à Lorient, où notre *Sèvre* nous attendait dans le port.

Vers onze heures, quand nous fûmes rentrés dans le logis de hasard que nous avions loué en ville, Yves, avant de se coucher, arrangea dans des vases nos fleurs des bois de Toulven.

Pour la première fois de sa vie, il faisait pareil ouvrage ; il était étonné de lui-même et de trouver jolies ces pauvres fleurettes auxquelles il n'avait encore jamais pris garde.

— Eh bien, dit-il, quand j'aurai ma petite maison à Toulven, j'en mettrai chez nous, car je trouve que ça fait très bien. C'est pourtant vous, tenez, qui m'avez donné l'idée de ces choses...

LXIX

En mer, le lendemain, 1ᵉʳ avril. — Route sur Saint-Nazaire. — Voilure du grand largue ; forte brise du nord-ouest ; mauvais temps ; on ne voit plus les feux. Entré dans le bassin au petit jour ; cassé le bossoir ; craqué le petit mât de hune.

Le 2 c'est jour de paye. Des hommes ivres tombent la nuit dans la cale et se fendent la tête.

Une petite permission de deux jours, inattendue. En route avec Yves pour Trémeulé en Toulven. Cette *Sèvre* est un beau bateau, qui ne nous éloigne jamais bien longtemps

A dix heures du soir, au clair de lune, nous venons frapper à la porte des vieux Keremenen et de Marie qui ne nous attendent pas.

On lève petit Pierre pour nous faire honneur, et on l'assied sur nos genoux. Tout surpris dans son premier sommeil, il nous dit bonjour tout bas, en souriant, et puis il ne fait pas grand cas de notre visite. Ses yeux se ferment malgré lui et sa petite tête s'en va de tous les côtés.

Et Yves, très inquiet, le voyant baisser la tête et regarder en dessous, les cheveux dans les yeux :

— Moi, je trouve qu'il a un air... qu'il a un air... sournois !

Et il me regarde anxieux de savoir ce que j'en pense, concevant déjà une préoccupation grave pour l'avenir.

Il n'y a au monde que mon cher Yves pour avoir des frayeurs aussi drôles. Je fais sauter petit Pierre, qui alors se réveille pour tout de bon et éclate de rire, ses beaux grands yeux bien ouverts entre leurs longs cils. Yves se rassure et trouve qu'en effet il n'a plus la mine du tout sournoise.

Quand sa mère le met tout nu, il ressemble aux bébés classiques, aux statues grecques de l'Amour.

LXX

Toulven, 30 avril.

Ceci se passe dans la chaumière des vieux Keremenen, à la tombée de la nuit, un soir d'avril. Nous sommes toute une bande qui rentrons de la promenade : Yves, Marie, Anne, la petite Corentine *Penmelen* et le petit Pierre *Bugel-du.*

Il y a *quatre* chandelles allumées dans la chaumière (*trois,* cela ferait *la noce du chat,* et cela porterait malheur).

Sur la vieille table de chêne massif, polie par les années, on a préparé du papier, des plumes, et du sable. On a rangé des bancs tout autour. Des choses très solennelles vont se passer.

Nous déposons notre moisson d'herbes et de fleurs, qui met dans la chaumière une odeur d'avril, et puis nous prenons place.

Encore deux bonnes vieilles qui entrent, l'air important ; elles disent bonsoir avec une révérence qui fait dresser tout debout leur grande collerette empesée et s'asseoient dans les coins. Puis Pierre Kerbras, le fiancé d'Anne. — enfin tout le monde est placé, nous sommes au complet.

C'est la grande soirée des arrangements de famille, où les vieux Keremenen vont exécuter la promesse qu'ils ont faite à leurs enfants. Ils se lèvent tous deux pour ouvrir un bahut antique, dont les sculptures représentent des *Sacrés-Cœurs* alternant avec des coqs ; ils remuent des papiers, des hardes, puis, tout au fond, prennent un petit sac qui paraît lourd. Ensuite ils vont à leur lit, retournent la paillasse et cherchent dessous : un second sac !

Ils les vident sur la table, devant leur fils Yves, et on voit paraître toutes ces belles pièces d'or et d'argent, marquées d'effigies anciennes, qui, depuis un demi-siècle, s'étaient amassées une à une et dormaient. On les compte par petits tas : ce sont les deux mille francs promis.

Maintenant c'est le tour de la vieille tante, qui se lève et vient vider un troisième petit sac : encore mille francs d'or.

La vieille voisine s'avance la dernière; elle en apporte cinq cents dans un pied de bas. Tout cela, c'est pour prêter à Yves, tout cela s'entasse devant lui. Il signe deux petits reçus sur du papier blanc et les remet aux vieilles prêteuses qui font leur révérence pour partir, et que l'on retient, comme l'usage le commande, pour boire un verre de cidre avec nous.

C'est fini. Tout cela s'est passé sans notaire, sans acte, sans discussion, avec une confiance et une honnêteté qui sont choses à Toulven.

... Pan! pan! pan! à la porte. C'est l'entrepreneur-maçon, et il arrive juste à point.

Avec celui-là, par exemple, on emploiera le papier timbré; c'est un vieux roué de Quimper, qui n'entend qu'à moitié le français, mais qui paraît pas mal sournois, tout de même, avec ses manières de la ville.

J'ai mission de lui faire comprendre un plan de maison que nous avons combiné dans nos soirées de bord, et où figure *ma chambre*. Je discute la confection des moindres parties, et le prix de tous les matériaux, prenant un air de m'y connaître qui impose à ce vieux, mais qui nous fait rire, Yves et moi, quand par malheur nos yeux se rencontrent.

Sur une feuille timbrée du prix de douze sous, j'écris deux pages de clauses et de détails :

« Une maison bâtie en granit, cimentée avec du *sable de rivière*, blanchie à la chaux, charpentée en châtaignier, avec jardin devant, grenier à lucarne, auvents peints en vert, etc., etc., le tout terminé avant le 1er mai de l'année prochaine et au prix fixé d'avance de deux mille neuf cent cinquante francs.

J'en ai une vraie fatigue, de ce travail et de cette tension d'esprit ; je suis très étonné de moi-même et je les vois tous émerveillées de ma prévoyance et de mon économie ! c'est inouï les choses que ces bonnes gens me font faire.

Enfin c'est signé, parafé. On boit du cidre, en se serrant la main à la ronde. Et voilà Yves propriétaire en Toulven. Ils ont l'air si heureux, Marie et lui, que je ne regrette pas ma peine, pour sûr.

Les deux bonnes vieilles font leur révérence définitive, et tous les autres, même petit Pierre, qui n'a pas voulu se coucher, viennent, par la belle nuit qu'il fait, me reconduire, au clair de lune, jusqu'à l'auberge.

Toulven, 1er mai 1881.

Nous sommes très affairés, Yves et moi, aidés du vieux Corentin Keremenen, à mesurer avec une corde le terrain à acquérir.

D'abord il a fallu en faire le choix, et cela nous a pris toute la matinée d'hier. Pour Yves, c'était là une question très sérieuse, arrêter l'emplacement de cette petite maison, où il entrevoit, au fond d'un lointain mélancolique et étrange, sa retraite, sa vieillesse et sa mort.

Après beaucoup d'allées et de venues, nous nous sommes décidés pour cet endroit-ci. C'est à l'entrée de Toulven, sur la route qui mène à Rosporden, un point élevé, devant une petite place de village qui est égayée ce matin par une population de poules tapageuses et d'enfants roses. D'un côté on verra Toulven et l'église, de l'autre les grands bois.

Pour le moment, ce n'est encore qu'un champ d'avoine très vert. Nous l'avons bien mesuré dans toutes les dimensions ; au prix où est le mètre carré, il y en aura pour quatorze cent quatre-vingt-dix francs, plus les honoraires du notaire.

Comme il va falloir qu'Yves soit sage et fasse des économies pour payer tout cela ! il devient très sérieux quand il y songe.

LXXI

A bord de la *Sèvre*, mai 1881.

Yves qui aura trente ans bientôt, me prie de lui rapporter de terre un cahier relié pour commencer à y écrire ses impressions, à ma manière ; il regrette même de ne plus se rappeler assez les dates et les choses passées pour reconstituer un journal rétrospectif de sa vie.

Son intelligence s'ouvre à une foule de conceptions nouvelles ; il se façonne sur moi, c'est incontestable, et *se complique* peut-être un peu plus qu'il ne faudrait. Mais notre intimité amène un autre résultat très inattendu, c'est que je me simplifie beaucoup à son contact ; moi aussi, je change, et presque autant que lui...

Brest, juin 1881.

A six heures, le soir de la Saint-Jean, sur l'impériale d'un omnibus de campagne, je revenais avec Yves du *pardon* de Plougastel.

Notre *Sèvre* avait été, en mai, jusqu'à Alger, et nous sentions mieux, par contraste, le charme particulier du pays breton.

Les chevaux s'en allaient ventre à terre, tout enrubannés, ayant sur la tête des bannières et des rameaux verts. Dans l'intérieur, on chantait, et dessus, près de nous, trois matelots gris dansaient, bonnet sur l'oreille, des fleurs aux boutonnières, des rubans, des trompettes, et, par ironie pour les gens à vue faible, portant des lorgnons bleus, — trois jeunes hommes à la tournure délurée, à la tête intelligente, qui couraient leur *bordée* de départ au moment de s'en aller en Chine.

Des bourgeois se fussent cassé le cou. Eux, qui avaient tant bu, tenaient ferme, sautaient comme des cabris, et la voiture s'en allait grand train, de droite et de gauche, dans les ornières, menée par un cocher ivre.

A Plougastel, nous avions trouvé le bruit d'une fête de village, des chevaux de bois, une naine, une géante, *la Famille Mouton* qui se désosse, et des jeux et des cabarets. Et puis, sur une place isolée, entourée de chaumières grises, les binious bretons sonnaient un air rapide et monotone du temps passé, des gens en vieux costumes dansaient à cette musique centenaire; hommes et femmes se tenant par la main, couraient, couraient dans le vent, comme des fous, en longue file frénétique. Cela, c'était la vieille Bretagne, donnant encore sa note sauvage, même aux portes de Brest, au milieu de ce tapage de foire.

D'abord, nous essayons, Yves et moi, de calmer ces trois matelots et de les faire s'asseoir.

Et puis nous trouvons drôle de nous voir, nous, leur faire ce sermon.

— Après tout, dis-je à Yves, nous en avons bien fait d'autres.

— Ah! oui, bien sûr, répondit-il avec conviction.

Et nous nous contentons de tendre nos bras entre les montants de fer pour les empêcher de tomber.

... Et les routes, les villages sont tout remplis de gens qui reviennent de ce pardon, et tous ces gens s'ébahissent de voir passer cet équipage de fous, et ces trois matelots dansant sur cette voiture.

La splendeur de juin jette sur toute cette Bretagne son charme et sa vie ; la brise est douce et tiède sous le ciel gris ; les hauts foins, tout pleins de fleurs roses ; les arbres, d'un vert d'émeraude, remplis de hannetons.

Et les trois matelots dansent toujours en chantant, et, à chaque couplet, les autres, dans l'intérieur, reprennent le refrain :

>   Il est parti vent arrière.
>   Il reviendra en louvoyant.

Les vitres de notre voiture en vibrent, et cet air, toujours le même, répété deux lieues durant, est un très vieil air de France, si ancien et si jeune, d'une gaîté si franche et de si bon aloi, qu'au bout d'un moment, nous aussi, nous le chantons avec eux.

Comme elle est belle et rajeunie, la Bretagne, et verte, au soleil de juin !

Nous autres, pauvres gens de la mer, quand nous trouvons le printemps sur notre route, nous en jouissons plus que les autres, à cause de notre vie séquestrée dans les couvents de planches. Il y avait huit ans qu'Yves n'avait vu son printemps breton, et nous avions été longtemps fatigués tous deux par l'hiver ou par cet éternel été qui resplendit ailleurs sur la grande mer bleue, et nous nous laissions enivrer par ces foins verts, par ces senteurs douces, par tout ce charme de juin que les mots ne peuvent dire.

Il y a encore de beaux jours dans la vie, de belles heures de jeunesse et d'oubli. Au diable toutes les rêveries mélancoliques, tous les songes maladifs des tristes poètes ! Il fait bon courir, la poitrine au vent, en compagnie des plus joyeux d'entre les enfants du peuple. La santé et la jeunesse, c'est tout ce qu'il y a de vrai sur terre, avec la gaîté simple et brutale, et les chants des matelots !

Et nous allions toujours très vite et de travers, zigzaguant sur la route au milieu de tout ce monde, entre les aubépines très hautes formant deux haies vertes, et sous la voûte touffue des arbres.

Bientôt parut Brest, avec son grand air solennel, ses grands remparts de granit, ses grandes murailles grises, où poussaient aussi des herbes et des digitales roses. Elle était comme enivrée, cette ville triste, d'avoir par hasard un vrai jour d'été, une soirée pure et tiède; elle était pleine de bruit, de mouvement et de monde, de coiffes blanches et de marins qui chantaient.

LXXII

5 juillet 1881.

En mer. — Nous revenons de la Manche. La *Sèvre* marche tout doucement dans une brume épaisse, poussant de minute en minute un coup de sifflet qui résonne comme un appel de détresse sous ce suaire humide qui nous enveloppe. Les solitudes grises de la mer sont autour de nous, et nous en avons le sentiment sans les voir. Il semble que nous traînions avec nous de longs voiles de ténèbres; on voudrait les percer, on est comme oppressé de se sentir depuis tant d'heures enfermé là-dessous, et on songe que ce rideau est immense, infini, qu'on pourrait faire des lieues et des lieues sans vue, dans le même gris blafard, dans la même atmosphère d'eau. Et la houle passe, lente, molle, régulière, patiente, exaspérante. C'est comme de grands dos polis et luisants, qui s'enflent, donnent leur coup d'épaule, vous soulèvent et vous laissent retomber.

Brusquement, le soir, il se fait une éclaircie, et une chose noire se dresse tout près de nous, surprenante, inattendue, comme un haut fantôme surgissant de la mer :

— *Ar Men Du* (les Pierres-Noires)! dit notre vieux pilote breton.

Et, en même temps, partout le voile se déchire. Ouessant apparaît; toutes ses roches sombres, tous ses écueils se dessinent en grisailles obscures, battus par de hautes gerbes d'écume blanche, sous un ciel qui paraît lourd comme un globe de plomb.

Il n'est que temps de redresser la route, et vite,

pendant l'éclaircie, la *Sèvre* met le cap sur Brest, ne sifflant plus, se hâtant, avec un grand espoir d'arriver. Mais le rideau lentement se referme et retombe. On n'y voit plus, la nuit vient, il faut remettre le cap au large.

Et trois jours se passent ainsi sans plus rien voir. Les yeux se fatiguent à veiller.

C'est ma dernière traversée sur cette *Sèvre*, que je dois quitter aussitôt notre retour à Brest. Yves, avec ses idées de Breton, voit quelque chose de pas naturel dans cette brume, qui persiste en plein été comme pour retarder mon départ.

Cela lui semble un avertissement et un mauvais présage.

LXXIII

Brest, 9 juillet 1881.

Nous venons d'arriver tout de même, et c'est mon dernier jour de garde à bord; je débarque demain.

Nous sommes dans ce fond du port de Brest, où notre *Sèvre* revient de temps en temps s'immobili-

ser entre deux grands murs. De hautes constructions mornes nous surplombent; autour de nous des assises de roches primitives portent des remparts, des chemins de ronde, tout un lourd échafaudage de granit, suant la tristesse et l'humidité.
— Je connais par cœur toutes ces choses.

Comme c'est en juillet, il y a des digitales, des touffes de silènes qui s'accrochent çà et là aux pierres grises. Ces plantes roses des murs, c'est la note de l'été dans ce Brest sans soleil.

J'ai pourtant une espèce de joie de partir... Cette Bretagne me cause toujours, malgré tout, une oppression mélancolique; je le sens maintenant, et, quand je songe au nouveau, à l'inconnu qui m'attend, il me semble que je vais me réveiller au sortir d'une espèce de nuit... Où m'enverra-t-on? Qui sait? Comment s'appellera ce coin de la terre où il faudra m'acclimater demain? Sans doute quelque pays de soleil où je deviendrai un autre *moi* avec des sens différents, et où j'oublierai, hélas! les choses aimées ailleurs.

Mais mon pauvre Yves et mon petit Pierre, je souffre de les quitter tous deux.

Pauvre Yves, qui s'est souvent fait traiter en enfant gâté et capricieux, c'est lui à présent, à l'heure de mon départ, qui m'entoure de mille petites prévenances, presque enfantines, ne sachant plus comment s'y prendre pour me montrer assez son affection. Et cette manière d'être a plus de charme chez lui, parce qu'elle n'est pas dans sa nature habituelle.

Ce temps que nous venons de passer ensemble, dans une intimité fraternelle de chaque jour, n'a pas été exempt d'orages entre nous. Il mérite toujours un peu, malheureusement, ses notes passées d'indiscipliné et d'indomptable : tout va bien mieux cependant, et, si j'avais pu le garder près de moi, je l'aurais sauvé.

Après dîner, nous montons sur le pont pour notre promenade habituelle du soir.

Je dis une dernière fois :

— Yves, fais-moi une cigarette.

Et nous commençons nos cent pas réguliers sur ces planches de la *Sèvre*. Là, nous connaissons par cœur tous les petits trous où l'eau s'amasse, tous les taquets où l'on se prend les pieds, toutes les boucles où l'on trébuche.

Le ciel est voilé sur notre dernière promenade,

la lune embrumée et l'air humide. Dans le lointain, du côté de Recouvrance, toujours ces éternels chants de matelots.

Nous causons de beaucoup de choses. Je fais à Yves beaucoup de recommandations; lui, très soumis, répond par beaucoup de promesses, et il est fort tard quand il me quitte pour aller dormir dans son hamac.

A midi, le lendemain, mes malles à peine fermées, mes visites pas faites, je suis à la gare avec Yves et les amis du *carré*, qui me reconduisent. Je serre la main à tous, je crois même que je les embrasse, et me voilà parti.

Un peu avant la nuit, j'arrive à Toulven, où j'ai voulu m'arrêter deux heures pour leur faire mes adieux.

Comme c'est vert et fleuri, ce Toulven, cette région fraîche et ombreuse, la plus exquise de Bretagne !

Là, on m'attendait pour couper les cheveux du petit Pierre. La pensée qu'on pût me confier une pareille besogne ne me serait jamais venue. On me dit « qu'il n'y avait que moi pour le faire rester tranquille ». La semaine passée, on avait mandé le barbier de Toulven, et petit Pierre avait tellement fait le diable, que les ciseaux avaient entamé d'abord ses petites oreilles ; il avait fallu y renoncer. J'essayai tout de même, pour leur faire plaisir, ayant une envie de rire très grande.

Puis, quand ce fut fini, l'idée me vint de garder une de ces petites mèches brunes que j'avais coupées, et je l'emportai, étonné de tant y tenir.

LXXIV

LETTRE D'YVES

A bord de la *Sèvre*, Lisbonne, 1ᵉʳ août 1881.

« Cher frère, je vous réponds une petite lettre le jour même que je reçois la vôtre. Je vous écris bien à courir, et encore je profite de l'heure du déjeuner, et je suis sur le râtelier du grand mât.

» Nous sommes entrés en relâche à Lisbonne hier au soir. Cher frère, nous avons eu tout à fait un mauvais temps cette fois ; nous avons perdu nos focs, l'artimon de cape et la baleinière. Je vous fais savoir aussi que, dans les grands coups de roulis, mon sac et mon armoire sont allés se promener et tous mes effets aussi ; j'ai à peu près pour cent francs de perte dans toutes ces affaires-là.

» Vous m'avez demandé qu'est-ce que j'avais fait de ma journée, dimanche, il y a quinze jours. Mais, mon bon frère, je suis resté tranquillement à bord, à finir de lire *le Capitaine Fracasse*. Ainsi, depuis votre départ, je n'ai été à terre que dimanche dernier ; et j'étais tranquille, parce que d'abord j'avais tout envoyé l'argent de mon mois à la maison ; j'avais touché soixante-neuf francs et j'en avais envoyé soixante-cinq à ma femme.

» J'ai eu des nouvelles de Toulven et ils sont tous bien. Le petit Pierre est très dégourdi et il sait très bien courir à présent. Seulement, il est un peu mauvais quand il fait *sa petite tête de goéland*, comme moi, vous savez ; d'après ce que ma femme me dit sur la lettre, il chavire tout chez nous. La maçonnerie de notre maison est déjà montée à plus de deux mètres de terre ; je serai bien heureux qu'elle soit tout à fait finie, et surtout de vous voir installé dans votre petite chambre.

» Cher frère, vous me dites de penser à vous souvent ; mais je vous jure qu'il ne se passe pas d'heure sans que je manque d'y penser, et même plusieurs fois par heure. Du reste, maintenant, vous comprenez, je n'ai plus personne avec qui causer le soir, — et ma blague n'est plus souvent pleine.

» Je ne puis vous dire le jour de notre partance, mais je vous prie de m'écrire à Oran. On dit que nous serons payés à Oran, pour pouvoir aller à terre et acheter du tabac.

» Je termine, cher frère, en vous embrassant de tout mon cœur.

» Votre frère tout dévoué qui vous aime,

» A vous pour la vie,

» YVES KERMADEC. »

« P.-S. — Si j'ai beaucoup d'argent à Oran, je ferai une très grande provision de tabac, et surtout pour vous, de celui qui est pareil au tabac des Turcs et que vous aimez bien fumer.

» Le major m'a remis pour vous une serviette, la dernière qui vous avait servi à table. Je l'ai lavée, ça fait que je l'ai un peu déchirée.

» Quant au cahier que vous m'aviez donné pour écrire mes histoires, il a été aussi tout à fait écrasé par le coup de mer; alors j'ai tout laissé de côté.

» Cher frère, je vous embrasse encore de tout mon cœur.

» YVES KERMADEC. »

« P.-S. — A bord, c'est toujours la même chose, et le commandant n'a pas changé ses habitudes de crier pour la propreté du pont. Il y a eu une grande dispute entre lui et le lieutenant, toujours au sujet du *cacatois*, vous savez? Mais ils se sont très bien arrangés après.

» J'ai aussi à vous dire que, dans sept ou huit mois, je pense encore avoir un autre petit enfant. Une chose pourtant qui ne me fait pas bien plaisir, car c'est un peu trop vite.

» Votre frère,

» YVES. »

LXXV

C'est en Orient maintenant que viennent me trouver ces petites lettres d'Yves ; elles m'y apportent, dans leur simplicité, les senteurs déjà lointaines du pays breton.

Ils s'éloignent beaucoup, mes souvenirs de Bretagne. Déjà je les revois passer comme à travers des voiles de rêve ; les écueils connus de là-bas, les feux de la côte, la pointe du Finistère avec ses grandes roches sombres ; et les approches dangereuses d'Ouessant les soirs d'hiver, et le vent d'ouest qui courait sous le ciel morne, à la tombée des nuits de décembre. D'ici, tout cela semble la vision d'un pays noir.

La pauvre petite chaumière de Toulven ! elle était bien humble, bien perdue au bord du sentier breton. Mais c'était la région des grands bois de hêtres, des rochers gris, des lichens et des mousses ; des vieilles chapelles de granit et des hauts foins semés de fleurs roses. Ici, du sable et des minarets blancs sous une voûte très bleue, et puis le soleil, l'enchanteur éternel...

LXXVI

LETTRE D'YVES

Brest, le 10 septembre 1881.

« Mon bon frère,

» Je vous fais savoir le désarmement de notre *Sèvre ;* nous l'avons remise hier à la *Direction*, et, ma foi, je n'en suis pas trop mécontent.

» Je compte rester quelque temps à terre, au quartier ; aussi (comme notre petite maison n'est pas très avancée, vous pensez bien), ma femme est venue s'installer auprès de moi à Brest jusqu'à ce qu'elle soit finie. Je pense que vous trouverez, cher frère, que nous avons bien fait. Cette fois, nous avons loué presque dans la campagne, à Recouvrance, du côté de Pontaniou.

» Cher frère, je vous dirai que le petit Pierre a été bien malade par les coliques, pour avoir mangé trop de *luzes* dans les bois, ce dimanche dernier que nous avons été à Toulven ; mais cela lui a passé. Il devient tout à fait mignon, et je reste des heures à jouer avec lui. Le soir, nous allons nous promener tous les trois; nous ne sortons plus jamais qu'ensemble, et puis, quand l'un rentre, les deux autres rentrent aussi.

» Cher frère, si vous pouviez revenir à Brest, il ne me manquerait plus rien; vous me verriez maintenant comme je suis, vous seriez tout à fait content : car je n'étais jamais resté aussi tranquille.

» Je voudrais encore embarquer avec vous, mon bon frère, et tomber sur quelque bateau qui irait là-bas du côté du Levant vous retrouver; et pourtant je vous promets que la vie que je fais maintenant, je voudrais bien la continuer; mais cela n'est pas possible, car je suis trop heureux.

» Je termine en vous embrassant de tout mon cœur, et le petit Pierre vous envoie ses respects. Ma femme et tous mes parents à Toulven vous font bien des compliments. Ils ont très hâte de vous voir, et je vous promets que moi aussi.

» Votre frère,

» YVES KERMADEC. »

LXXVII

Toulven, octobre 1881.

... Encore la pâle Bretagne au soleil d'automne ! Encore les vieux sentiers bretons, les hêtres et les bruyères. Je croyais avoir dit adieu à ce pays pour longtemps, et je le retrouve avec une singulière mélancolie. Mon retour a été brusque, inattendu, comme le sont souvent nos retours ou nos départs de marins.

Une belle journée d'octobre, un tiède soleil, une vapeur blanche et légère répandue comme un voile sur la campagne. C'est partout cette grande tranquillité qui est particulière aux derniers beaux jours; déjà des senteurs d'humidité et de feuilles tombées, déjà un sentiment d'automne répandu dans l'air. Je me retrouve dans les bois connus de Trémeulé, sur la hauteur d'où l'on domine tout le pays de Toulven. A mes pieds, l'étang, immobile sous cette vapeur qui plane, et, au loin, des horizons tout boisés, comme ils devaient l'être aux temps anciens de la Gaule.

Et ceux qui sont là près de moi, assis parmi les mille petites fleurs de la bruyère, ce sont mes amis de Bretagne, mon frère Yves et le petit Pierre, son fils.

C'est un peu mon pays maintenant, ce Toulven. Il y a un très petit nombre d'années, il m'était étranger, et Yves, auquel pourtant je donnais déjà le nom de frère, comptait à peine pour moi. Les aspects de la vie changent, tout arrive, se transforme et passe.

Il y en a tant de ces bruyères, que, dans les lointains, on dirait des tapis roses. Les scabieuses tardives sont encore fleuries, tout en haut de leurs tiges longues ; et les premières grandes ondées qui ont passé, ont déjà semé la terre de feuilles mortes.

C'était vrai, ce qu'Yves m'avait écrit : il était devenu très sage. On venait de l'embarquer sur un des vaisseaux en rade de Brest, ce qui semblait lui assurer un séjour de deux ans dans son pays. Marie, sa femme, s'était installée près de lui dans le faubourg de Recouvrance, en attendant cette petite maison de Toulven, qui montait de terre lentement, avec de gros murs bien épais et bien solides, à la mode d'autrefois. Elle avait accueilli mon retour imprévu comme une bénédiction du ciel ; car ma présence à Brest, auprès d'eux, allait la rassurer beaucoup.

Yves devenu très sage, et, comme cela, tout de suite, sans qu'on sût quelle circonstance décisive l'avait ainsi changé, on avait peine à y croire ! Et Marie me confirmait ce bonheur très timidement ; elle en parlait comme de ces choses instables, fugitives, qu'on a peur de faire s'envoler rien qu'en les exprimant par des mots.

LXXVIII

Un jour, le démon de l'alcool revint passer sur leur route. Yves rentra avec ce mauvais regard trouble dont Marie avait peur.

C'était un dimanche d'octobre. Il arrivait du bord, où on l'avait mis aux fers, disait-il ; et il s'était échappé parce que c'était injuste. Il semblait très exaspéré ; son tricot bleu était déchiré et sa chemise ouverte.

Elle essayait de lui parler bien doucement, de le

calmer. C'était précisément une belle journée de dimanche ; il faisait un de ces temps rares d'arrière-automne qui ont une mélancolie paisible et exquise, qui sont comme un dernier repos du soleil avant l'hiver. Elle s'était habillée dans sa belle robe et sa collerette brodée, elle avait fait la grande toilette du petit Pierre, comptant qu'ils iraient tous les trois se promener ensemble à ce beau soleil doux. Dans la rue, des couples de gens du peuple passaient, endimanchés, s'en allant sur les routes et dans les bois comme au printemps.

... Mais non, rien n'y faisait ; Yves avait prononcé l'affreuse phrase de brute qu'elle connaissait si bien : « Je m'en vais retrouver mes amis. » C'était fini !

Alors, sentant sa pauvre tête s'en aller de douleur, elle avait voulu tenter un moyen extrême : pendant qu'il regardait dans la rue, elle avait fermé la porte à double tour et caché la clef dans son corsage. Mais lui, qui avait compris ce qu'elle venait de faire, se mit à dire, la tête baissée, les yeux sombres :

— Ouvre !... ouvre !... M'entends-tu ? je te dis de m'ouvrir.

Il essaya de secouer cette porte sur ses ferrures ; quelque chose le retenait encore de la briser, — ce qu'il eût pu faire sans peine. Et puis, non, il voulait que sa femme, qui l'avait fermée, vînt elle-même la lui ouvrir.

Et il tournait dans cette chambre, avec son air de grand fauve, répétant :

— Ouvre !... M'entends-tu ? je te dis de m'ouvrir !

Les bruits joyeux du dimanche montaient de la rue. Les femmes à grande coiffe passaient au bras de leurs maris ou de leurs amants. Le beau soleil d'automne les éclairait de sa lumière tranquille.

Il frappait du pied et répétait cela à voix basse :

— Ouvre ! ... je te dis de m'ouvrir !

C'était la première fois qu'elle essayait de le retenir par force, et elle voyait que cela réussissait mal, et elle avait étrangement peur. Sans le regarder, elle s'était jetée à genoux dans un coin et disait des prières, tout haut et très vite, comme une insensée. Il lui semblait qu'elle touchait à un moment terrible, que ce qui allait arriver serait plus affreux que toutes les choses d'avant. Et petit Pierre, debout, ouvrait tout grands ses yeux profonds, ayant pour lui aussi, mais ne comprenant pas.

— Non ? tu ne veux pas m'ouvrir ?... Oh ! mais je l'arracherai alors ! Tu vas voir !

Une secousse ébranla le plancher, puis on entendit un grand bruit sourd, horrible. Yves venait de tomber de tout son haut. La poignée par laquelle il avait voulu prendre cette porte lui était restée dans la main, arrachée, et alors, lui, avait été jeté à la renverse sur son fils, dont la petite tête avait porté, dans la cheminée, contre l'angle d'un chenet de fer.

Ah ! ce fut un changement brusque. Marie ne priait plus ; elle s'était levée, les yeux dilatés et farouches, pour ôter son petit Pierre des mains d'Yves, qui voulait le relever. Il était tombé sans crier, ce petit enfant, tout saisi d'être blessé par son père ; le sang coulait de son front et il ne disait rien. Marie le tenait serré contre sa poitrine, prit la clef dans son corsage, ouvrit d'une main et poussa la porte toute grande... Yves la regardait, effrayé à son tour ; elle s'était reculée et lui criait :

— Va-t'en ! va-t'en ! va-t'en !

Pauvre Yves, — voilà qu'il hésitait à passer ! Il

cherchait à mieux comprendre. Cette porte qu'on lui ouvrait maintenant, il n'en voulait plus ; il avait le sentiment vague que ce seuil allait être quelque chose de funeste à franchir. Et puis ce sang qu'il voyait sur la figure de son fils et sur sa petite collerette... Oui, il cherchait à mieux comprendre, à s'approcher d'eux. Il passait sa main sur ses tempes, sentant qu'il était ivre, faisant un grand effort pour démêler ce qui était arrivé... Mon Dieu, non, il ne le pouvait pas ; il ne comprenait plus... L'alcool, ses amis qui l'attendaient en bas, c'était tout.

Elle, lui répétait toujours, en serrant son fils contre sa poitrine :

— Va-t'en, mais va-t'en !

Alors tournant sur lui-même, il prit l'escalier et s'en alla...

LXXIX

— Tiens ! c'est vous, Kermadec ?
— Oui, monsieur Kerjean.
— Et, en bordée, je parie ?

— Oui, monsieur Kerjean.

En effet, cela se voyait à sa tenue.

— Eh bien, je croyais que vous étiez marié, Yves ? C'est quelqu'un de Paimpol, le grand Lisbatz, je crois, qui m'avait conté que vous étiez père de famille.

Yves secoua les épaules d'un mouvement d'insouciance méchante, et dit :

— S'il vous manquait du monde, monsieur Kerjean... ça m'irait, à moi, de partir à votre bord.

Ce n'était pas la première fois que ce capitaine Kerjean enrôlait des déserteurs. Il comprit. Il savait comment on les prend et ensuite comment on les mène. Son navire, *la Belle-Rose*, qui naviguait sous un pavillon d'Amérique, partait le lendemain pour la Californie. Yves lui convenait ; c'était une acquisition excellente pour un équipage comme le sien.

Ils s'isolèrent tous deux pour ébaucher, à voix basse, leur traité d'alliance.

Cela se passait au port de commerce, le matin du second jour après sa fuite de chez lui.

La veille il avait été à Recouvrance, en rasant les

murs, pour tâcher d'avoir des nouvelles de son petit Pierre. De loin, il l'avait aperçu, qui regardait passer le monde, à la fenêtre, avec un petit bandeau sur son front. Alors il était revenu sur ses pas, suffisamment rassuré, dans son égarement d'ivresse qui durait encore : il était revenu sur ses pas pour « aller retrouver ses amis ».

Ce matin-là, il s'était réveillé au jour, sous un hangar du quai où ses *amis* l'avaient couché. L'ivresse était cette fois passée, bien complètement passée. Il faisait toujours un beau temps d'octobre frais et pur ; les choses avaient leurs aspects habituels, comme si de rien n'était, et d'abord il songea avec attendrissement à son fils et à Marie, prêt à se lever pour aller les retrouver là-bas et leur demander pardon. Il lui fallut un moment pour se rappeler tout, et se dire que c'était fini, qu'il était perdu..

Retourner près d'eux, maintenant ? — Oh ! non jamais, — quelle honte !

D'ailleurs, s'être échappé du bord étant puni de fers, et avoir ensuite couru une bordée trois jours, tout cela ne pouvait plus se racheter. Prendre encore ces mêmes résolutions, reprises vingt fois, faire encore ces mêmes promesses, dire encore ces mêmes mots de repentir... oh ! non ! assez ! il en avait un mauvais sourire de pitié et de dégoût.

Et puis sa femme lui avait dit : « Va-t'en ! » il s'en souvenait bien, de son regard de haine, en montrant la porte. Il avait beau l'avoir mille fois mérité, il ne lui pardonnerait jamais cela, lui, habitué à être le seigneur et le maître. Elle l'avait chassé ; c'était bien, il était parti, il suivrait sa destinée, elle ne le reverrait plus.

Cette rechute aussi lui était plus répugnante, après cette bonne période de paix honnête, pendant laquelle il avait entrevu et compris une vie plus haute ; ce retour de misère lui paraissait quelque chose de décisif et de fatal. A ce moment, il s'aperçut qu'il était couvert de poussière, de boue, de souillures immondes, et il commença de s'épousseter, en redressant sa tête, qui s'animait peu à peu à ce réveil d'une expression dure et dédaigneuse.

Être tombé comme une brute sur son fils et avoir meurtri ce pauvre petit front !... Il se faisait tout à coup à lui-même l'effet d'un misérable bien repoussant.

Il brisait entre ses mains les planches d'une caisse qu'il traînait là près de lui, et à demi voix, après un coup d'œil instinctif pour s'assurer qu'il était seul, il se disait avec une espèce de rire moqueur, d'odieuses injures de matelot.

Maintenant il était debout avec un air fier et méchant.

Déserter !... Si quelque navire pouvait l'emmener tout de suite !... Cela devait se trouver sur les quais ; justement il y en avait beaucoup ce jour-là. Oh ! oui ! à n'importe quel prix, déserter, pour ne plus reparaître !

Sa décision venait d'être prise avec une volonté implacable. Il marchait vers les navires, cambré, la tête haute, l'entêtement breton dans ses yeux à demi fermés, dans ses sourcils froncés.

Il se disait : « Je ne vaux rien, je le sais, je le savais, ils auraient dû me laisser tous. J'ai essayé ce que j'ai pu, mais je suis fait ainsi et ce n'est pas ma faute. »

Et il avait raison peut-être : *Ce n'était pas sa faute.* A cet instant, il était irresponsable ; il cédait à des influences lointaines et mystérieuses qui lui venaient de son sang : il subissait la loi d'hérédité de toute une famille, de toute une race.

LXXX

A deux heures, le même jour, après marché conclu, Yves ayant acheté des hardes de marin du commerce et changé de costume clandestinement dans un cabaret du quai, monta à bord de la *Belle-Rose*.

Il se mit à faire le tour de ce bateau, qui était mal tenu, qui avait des aspects de rudesse sauvage, mais qu'on sentait souple et fort, taillé pour la course et les hasards de mer.

Auprès des navires de l'État, celui-ci semblait petit, court, et surtout vide : un air abandonné, presque personne à bord ; même au mouillage, cette espèce de solitude serrait le cœur. Trois ou quatre forbans étaient là, qui rôdaient sur le pont ; ils composaient tout l'équipage et ils allaient devenir, pour des années peut-être, les seuls compagnons d'Yves.

Ils commencèrent par se dévisager, les uns les autres, avant de se parler.

Tout le jour, dura ce même beau temps tiède et

tranquille, cette sorte d'été mélancolique d'arrière-saison qui portait au recueillement. Maintenant le calme se faisait pour Yves sur l'irrévocable de sa décision.

On lui montra sa petite armoire, mais il n'avait presque rien à y mettre. Il se lava à grande eau fraîche, s'ajusta mieux, avec une certaine coquetterie, dans son costume nouveau ; ce n'était plus cette livrée de l'État qui lui avait souvent paru lourde ; il se sentait libre, affranchi de tous ses liens passés, presque autant que par la mort. Il essayait de jouir de son indépendance.

Le lendemain matin, à la marée, la *Belle-Rose* devait partir. Yves flairait le large, la vie de mer qui allait commencer, à la façon nouvelle longtemps désirée. Il y avait des années que cette idée de déserter l'obsédait d'une manière, et à présent, c'était une chose accomplie. Cela le relevait à ses propres yeux, d'avoir pris ce parti, cela le grandissait de se sentir hors la loi, il n'avait plus honte de se représenter devant sa femme, à présent qu'il était déserteur, et il se disait qu'il aurait le courage d'y aller ce soir, avant de partir, au moins pour lui porter l'argent qu'il avait reçu.

A certains moments, quand la figure de son petit Pierre repassait devant ses yeux, son cœur se déchirait affreusement ; ce navire, silencieux et vide, lui faisait l'effet d'une bière où il serait venu tout vivant s'ensevelir lui-même, sa gorge s'étranglait ; un flot de larmes voulait monter, mais il le comprimait à temps, avec sa volonté dure, en pensant à autre chose ; vite il se mettait à parler à ses amis nouveaux. Ils causaient de la façon de manœuvrer avec si peu de monde, ou du jeu de ces grosses poulies qu'on avait multipliées partout pour remplacer les bras des hommes et qui, à son avis, alourdissaient beaucoup le gréement de la *Belle-Rose*.

Le soir, quand la nuit fut tombée, il alla à Recouvrance et monta sans bruit jusqu'à sa porte.

Il écouta d'abord avant d'ouvrir ; on n'entendait rien. Il entra timidement.

Une lampe était allumée sur la table. Son fils était tout seul, endormi. Il se pencha sur sa corbeille d'osier, qui sentait le nid de petit oiseau, et appuya la bouche tout doucement sur la sienne pour sentir encore une fois sa petite respiration douce, et puis il s'assit près de lui et resta tranquille, afin d'avoir repris une figure calme quand sa femme rentrerait.

LXXXI

Derrière lui, Marie était montée en tremblant ; elle l'avait vu venir.

Depuis deux jours, elle avait eu le temps d'envisager en face tous les aspects de malheur.

Elle n'avait pas voulu aller interroger les autres marins, comme font les pauvres femmes des coureurs de bordée, pour apprendre d'eux si Yves était rentré à son bord. Elle ne savait rien de lui, et elle attendait, se tenant prête à tout.

Peut-être qu'il ne reviendrait pas ; elle s'y était préparée comme au reste, et s'étonnait d'y songer avec tant de sang-froid. Dans ce cas, ses projets étaient faits ; elle ne retournerait pas dans ce Toulven, de peur de revoir leur petite maison commencée, de peur aussi d'entendre chaque jour maudire le nom de son mari chez ses parents, qui la recueilleraient. Non, là-bas, dans le pays de Goëlo, il y avait une vieille femme qui ressemblait à

Yves et dont les traits prenaient tout à coup pour elle une douceur très grande. C'est à sa porte qu'elle irait frapper. Celle-là serait indulgente pour lui, puisqu'elle était sa mère. Elles pourraient parler sans haine de l'absent; elles vivraient là, les deux abandonnées, ensemble, et veilleraient sur le petit Pierre, réunissant leurs efforts pour le garder, ce dernier, pour qu'au moins il ne fût pas marin.

Et puis il lui semblait que, si, un jour, dans bien des années peut-être, Yves, déserteur, voulait se rapprocher des siens, ce serait là, dans ce petit coin de terre, à Plouherzel, qu'il reviendrait.

Elle avait fait, la nuit d'avant, l'étrange rêve d'un retour d'Yves : cela se passait très loin, dans les années à venir, et elle-même était déjà vieille. Yves arrivait dans sa chaumière de Plouherzel, le soir, vieux lui aussi, changé, misérable ; il lui demandait pardon. Derrière lui étaient entrés Goulven et Gildas, ses frères, et *un autre Yves*, plus grand qu'eux tous, qui avait les cheveux tout blancs et qui traînait à ses jambes de longues franges de goémon. La vieille mère les accueillait de son visage dur. Elle demandait avec une voix très sombre :

— Comment se fait-il qu'ils soient tous ici ? Mon mari pourtant a dû mourir en mer, il y a déjà plus de soixante ans... Goulven est en Amérique... Gildas dans son trou de cimetière... Comment se fait-il qu'ils soient tous ici ?

Alors Marie s'était réveillée de frayeur, comprenant qu'elle était entourée de morts.

Mais, ce soir, Yves était revenu vivant et jeune ; elle avait reconnu dans l'obscurité de la rue sa taille droite et son pas souple. A l'idée qu'elle allait le revoir et être fixée sur son sort, tout son courage et tous ses projets l'avaient abandonnée. Elle tremblait de plus en plus en montant cet escalier... Peut-être bien qu'il avait simplement passé ces deux journées à bord et qu'il revenait comme de coutume, et que tout s'arrangerait encore une fois. Elle s'arrêtait sur ces marches pour demander à Dieu que ce fût vrai, dans une prière rapide.

Quand elle ouvrit la porte, il était bien là, dans leur chambre, assis auprès du berceau et regardant son fils endormi.

Lui, pauvre petit Pierre, dormait d'un bon sommeil paisible, ayant encore son bandeau sur le front, là où le chenet de fer l'avait blessé.

Dès qu'elle fut entrée, pâle, son cœur battant à grandes secousses qui lui faisaient mal, elle vit tout de suite qu'Yves n'avait pas bu d'alcool : il avait levé les yeux sur elle et son regard était clair, et puis il les avait baissés vite et restait penché sur son fils.

— A-t-il eu beaucoup de mal ? demanda-t-il à demi-voix, lentement, avec une tranquillité qui étonnait et qui faisait peur.

— Non, j'ai été chercher le médecin pour le panser. Il a dit que ça ne laisserait pas de marque. Il n'a pas du tout pleuré.

Ils se tenaient là, muets, l'un devant l'autre, lui toujours assis près de ce petit berceau, elle debout, blanche et tremblante. Ils ne s'en voulaient plus ; ils s'aimaient peut-être ; mais maintenant l'irréparable était accompli, et c'était trop tard. Elle regardait ce costume qu'elle ne lui avait jamais vu : un tricot de laine noir et un bonnet de drap. Pourquoi ces habits ? Et ce paquet, près de lui, par terre, d'où sortait un bout de col bleu ? Il semblait renfermer ses effets de matelot, quittés à tout jamais, comme si le vrai Yves était mort.

Elle osa demander :

— L'autre jour, tu es rentré à bord.

— Non !

Encore un silence. Elle sentait l'angoisse qui venait plus forte.

— Depuis trois jours, Yves, tu n'es pas rentré?

— Non !

Alors elle n'osa plus parler, ayant peur de comprendre la chose terrible; voulant retenir les minutes, même ces minutes qui étaient faites d'incertitude et d'angoisse, parce qu'il était encore là, lui, devant elle, peut-être pour la dernière fois.

A la fin, la question poignante sortit de ses lèvres :

— Que comptes-tu faire, alors ?

Et lui, à voix basse, simplement, avec cette tranquillité des résolutions implacables, laissa tomber ce mot lourd :

— Déserter !

Déserter !... oui, c'était bien ce qu'elle avait deviné depuis quelques secondes, en voyant ce costume changé, ce petit paquet d'effets de matelot soigneusement pliés dans un mouchoir.

Elle s'était reculée sous le poids de ce mot, s'appuyant derrière elle au mur avec ses mains, la gorge étranglée. Déserteur ! Yves ! perdu ! Dans sa tête repassait l'image de Goulven, son frère, et des mers lointaines d'où les marins ne reviennent plus. Et, comme elle sentait son impuissance contre cette volonté qui l'écrasait, elle restait là, anéantie.

Yves s'était mis à lui parler, très doucement, avec son calme sombre lui montrant le petit paquet d'effets qu'il avait apporté :

— Tiens, ma pauvre Marie, demain, quand mon navire sera parti, tu renverras cela d'abord, tu m'entends bien. On ne sait pas !... si on me reprenait... C'est toujours plus grave, emporter les effets de l'Etat ! Et puis voilà d'abord les avances qu'on m'a données... Vous retournerez à Toulven... Oh ! je t'enverrai de l'argent de là-bas, tout ce que je gagnerai ; tu comprends, il ne m'en faudra plus beaucoup à moi. Nous ne nous reverrons plus, mais tu ne seras pas trop malheureuse... tant que je vivrai.

Elle voulait l'entourer avec ses bras, le tenir de toutes ses forces, lutter, s'accrocher à lui quand il s'en irait, se faire plutôt traîner jusque dans les escaliers, jusque dans la rue... Mais non, quelque chose la clouait sur place : d'abord la conscience

que tout serait inutile, et puis une dignité, là,
devant leur fils endormi... Et elle restait contre ce
mur, sans un mouvement.

Il avait posé deux cents francs en grosses pièces
d'argent sur leur table, près de lui. C'étaient ses
avances, tout ce qui lui restait, ses pauvres effets
payés. Il la regardait maintenant d'un regard profond, très doux, et il secouait avec sa manche de
laine des larmes qui venaient de couler sur ses joues.

Mais c'était tout ce qu'il avait à lui dire. Et,
à présent c'était la minute suprême, c'était fini.

Il se pencha encore une dernière fois sur son
fils, puis il redressa sa haute taille et se leva pour
partir.

LXXXII

> Et les Celtes regrettaient trois pierres
> brutes sous un ciel pluvieux, au fond d'un
> golfe rempli d'îlots.
> G. FLAUBERT. *Salammbô*.

... La mer de Corail ! — C'est aux antipodes de
notre vieux monde. — Rien que le bleu immense.
— Autour du navire qui file doucement, l'infini

bleu déploie son cercle parfait. L'étendue brille et miroite sous le soleil éternel.

Yves est là, seul, porté très haut dans l'air, par quelque chose qui oscille légèrement ; il passe, dans sa hune.

Il regarde, sans voir, le cercle sans limite ; il est comme fatigué d'espace et de lumière. Ses yeux atones s'arrêtent au hasard, car, partout, tout est pareil.

Partout, tout est pareil... C'est la grande splendeur inconsciente et aveugle des choses que les hommes croient faites pour eux. A la surface des eaux courent des souffles vivifiants que personne ne respire ; la chaleur et la lumière sont répandues sans mesure ; toutes les sources de la vie sont ouvertes sur les solitudes silencieuses de la mer et les font étrangement resplendir.

... L'étendue brille et miroite sous le soleil éternel. Le grand flamboiement de midi tombe dans le désert bleu comme une magnificence inutile et perdue.

Maintenant, Yves croit distinguer là-bas une traînée moins bleue, et il y concentre son attention, égarée tout à l'heure dans la monotonie étincelante et tranquille : c'est sans doute la mer qui s'émiette là sur des blancheurs de corail, qui brise sur des îles inconnues, à fleur d'eau qu'aucune carte n'a jamais indiquées...

... Comme c'est loin, la Bretagne ! — et les chemins verts de Toulven ! — et son fils.

Yves est sorti de sa rêverie et il regarde, la main étendue au-dessus de ses yeux, cette lointaine traînée qui blanchit toujours.

... Il n'a pas l'air d'un déserteur, car il porte encore le grand col bleu des matelots.

Maintenant, il a très bien vu ces brisants et ce corail, et, en se penchant un peu dans le vide, il crie pour ceux qui sont en bas : « Des récifs par bâbord ! »

... Non, Yves, n'a pas déserté, car le navire qui le porte est le *Primauguet*, de la marine de guerre.

Il n'a pas déserté, car il est toujours auprès de moi, et, quand il a annoncé de là-haut l'approche de ces récifs, c'est moi qui monte le trouver dans sa hune, pour les reconnaître avec lui.

A Brest, ce mauvais jour où il avait voulu nous quitter, je l'avais vu passer, en déserteur, portant ses effets de matelot si bien pliés dans un mouchoir, et je l'avais suivi de loin jusqu'à Recouvrance. J'avais laissé monter Marie, puis j'étais monté, moi aussi, après eux, et, en sortant, il m'avait trouvé là, en travers de sa porte, lui barrant le passage avec mes bras étendus, — comme jadis, à Toulven. Seulement, cette fois, il ne s'agissait plus d'arrêter un caprice d'enfant, mais d'engager une lutte suprême avec lui.

Elle avait été longue et cruelle, cette lutte, et je m'étais senti bien près de perdre courage, de l'abandonner à la destinée sombre qui l'emportait. Et puis elle s'était terminée brusquement par de bonnes larmes qu'il avait versées, des larmes qui avaient besoin de couler depuis deux jours, — et qui ne pouvaient pas, tant ses yeux étaient durs à ce genre de faiblesse. — Alors on lui avait mis sur ses genoux son petit Pierre, qui venait de se réveiller; il ne lui en voulait pas du tout, lui, le petit Pierre, il lui avait tout de suite passé les bras autour du cou. Et Yves avait fini par me dire :

— Eh bien, oui, frère, je ferai tout ce que vous me direz de faire. Mais n'importe comment, vous voyez bien qu'à présent je suis perdu...

C'était très grave, en effet, et je ne savais plus moi-même quel parti prendre : — une espèce de rébellion, s'être esquivé du bord étant déjà puni des fers, et trois jours d'absence ! J'avais été sur le point de leur dire, après les avoir fait s'embrasser : « Désertez tous les deux, tous les trois, mes chers amis ; car il est bien tard à présent pour mieux faire, qu'Yves s'en aille sur sa *Belle-Rose*, et vous vous rejoindrez en Amérique. »

Mais non, c'était trop affreux cela, abandonner à jamais la terre bretonne, et la petite maison de Toulven, et les pauvres vieux parents !

Alors, en tremblant un peu de ma responsabilité, j'avais pris la décision contraire : rendre le soir même les avances touchées, dégager Yves des mains de ce capitaine Kerjean, et, dès le lendemain matin, aussitôt le port ouvert, le remettre à la justice maritime. Des jours pénibles avaient suivi, jours de démarches et d'attente, et enfin, avec beaucoup de bienveillance, la chose avait été ainsi réglée : un mois de fers et six mois de suspension de son grade de quartier-maître, avec retour à la paye de simple matelot.

Voilà comment mon pauvre Yves, reparti avec

moi sur ce *Primauguet*, se retrouvait dans la hune, encore gabier comme devant, et faisant son rude métier d'autrefois.

Debout tous les deux sur la vergue de misaine, le corps penché en dehors dans le vide, mettant une main au-dessus de nos yeux, et, de l'autre, nous tenant à des cordages, nous regardions ensemble, au fond des resplendissantes solitudes bleues, ces brisants qui blanchissaient toujours ; leur bruissement continu était comme un son lointain d'orgues d'église au milieu du silence de la mer.

C'était bien une grande île de corail qu'aucun navigateur n'avait encore relevée ; elle était montée lentement des profondeurs d'en dessous ; pendant des siècles et des siècles, elle avait poussé avec patience ses rameaux de pierre ; elle n'était encore qu'une immense couronne d'écume blanche faisant, au milieu des plus grands calmes de la mer, un bruit de chose vivante, une sorte de mugissement mystérieux et éternel.

Partout ailleurs, l'étendue bleue était uniforme, saine, profonde, infinie ; on pouvait continuer la route.

— Tu as gagné *la double*, frère, dis-je à Yves.

Je voulais dire : la double ration de vin au dîner de l'équipage. A bord, cette *double* est toujours la récompense des matelots qui ont annoncé les premiers une terre ou un danger, — de ceux encore qui ont pris un rat sans l'aide des pièges, — ou bien qui ont su s'habiller plus coquettement que les autres à l'inspection du dimanche.

Yves sourit, mais comme quelqu'un qui retrouve tout à coup un souvenir triste :

— Vous savez bien qu'à présent, le vin et moi... Oh ! mais ça ne fait rien, il faut me la faire donner, les gabiers de mon plat la boiront toujours...

En effet, depuis qu'une fois il avait renversé son petit Pierre sur les chenets de la cheminée, là-bas, à Brest, il buvait de l'eau. Il avait juré cela sur cette chère petite tête blessée, et c'était le premier serment solennel de sa vie.

Nous causions là tous deux, dans le bon air pur et vierge, au milieu des voiles légèrement tendues, bien blanches sous le soleil, quand un coup de sifflet partit d'en bas, en langage de bord : « On demande le chef de la hune de misaine ; qu'il descende bien vite ! »

C'était Yves, le chef de la hune de misaine ; il descendit quatre à quatre pour voir ce qu'on lui voulait. — Le commandant en second le demandait chez lui ; — et, moi, je savais bien pourquoi.

Dans ces mers si lointaines et si tranquilles où nous naviguions, les matelots se trouvaient tous un peu brouillés avec les saisons, avec les mois, avec les jours ; la notion des durées se perdait pour eux dans la monotonie du temps.

En effet, l'été, l'hiver, on n'en a plus conscience ; on ne les sait plus, car les climats sont changés. Même les choses de la nature ne viennent plus les indiquer ; c'est toujours l'eau infinie, toujours les planches, et, au printemps, rien ne verdit.

Yves avait repris sans peine son existence d'autrefois, ses habitudes de gabier, sa vie de la hune, à peine vêtu, au vent et au soleil, avec son couteau et son *amarrage*. Il n'avait plus compté ses jours parce qu'ils étaient tous pareils, confondus par la régularité des quarts, par l'alternance d'un soleil toujours chaud avec des nuits toujours pures. Il avait accepté ce temps d'exil sans le mesurer.

Mais c'était aujourd'hui même que ses six mois de punition expiraient, le commandant avait à lui dire de reprendre ses galons, son sifflet d'argent et son autorité de quartier-maître. Il le lui dit même amicalement, avec une poignée de main ; car Yves, tant qu'avait duré sa peine, s'était montré exemplaire de conduite et de courage, et jamais hune n'avait été tenue comme la sienne.

Yves revint me trouver avec une bonne figure heureuse :

— Pourquoi ne m'aviez-vous pas dit que c'était aujourd'hui ?

On lui avait promis que, s'il continuait, sa punition serait même bientôt oubliée. — Décidément ce serment qu'il avait fait sur la tête meurtrie de son petit Pierre, à la fin de la soirée terrible, lui réussissait au delà de son espoir...

LXXXIII

L'après-midi du même jour, Yves est dans ma chambre, qui se dépêche, qui se dépêche avant la nuit de remettre des galons sur ses manches, toujours drôle, avec son grand air de forban, quand il est occupé à coudre.

Ils ne sont plus très beaux, ses pauvres vêtements, ils ont beaucoup servi. C'est qu'il n'était pas riche en quittant Brest, avec cette réduction de paye ; et, pour ne pas entamer son *décompte*, il n'a pas voulu prendre trop d'effets au *magasin*. Mais ils sont si propres, les petites pièces sont si bien mises les unes sur les autres, à chaque coude, à chaque bas de manche, que cela peut très bien passer. Ces galons neufs leur donnent même un certain lustre de jeunesse. D'ailleurs, Yves a bonne tournure avec n'importe quoi ; et puis, comme on est très peu vêtu à bord, en ne les mettant que rarement, ils pourront certainement finir la campagne. Quant à de l'argent, Yves n'en a pas ; il en oublie même l'usage et la valeur, comme il arrive souvent aux marins, — car il *délègue* à sa femme, à Brest, *sa solde et ses chevrons*, tout ce qu'il gagne.

La nuit venue, son ouvrage est achevé ; il le plie avec soin, et balaye ensuite les petits bouts de fil qu'il a pu faire tomber dans ma chambre. Puis il s'informe très exactement du mois et de la date, allume une bougie et se met à écrire.

En mer, à bord du *Primauguet*, 23 avril 1882.

« Chère épouse,

» Je t'écris ces quelques mots à l'avance aujourd'hui, dans la chambre de M. Pierre. Je les mettrai à la poste le mois prochain, quand nous toucherons aux îles Hawaï (un pays... je suis sûr, que tu ne sais pas trop où il se trouve).

» C'est pour te dire que j'ai repris mes galons aujourd'hui, et que tu peux être tranquille, ils ne repartiront plus ; je les ai *cousus solides* à présent.

» Chère épouse, cela me prouve pourtant qu'il n'y a que juste six mois passés depuis notre départ, et alors nous ne sommes pas encore près de nous revoir. — Pour moi, j'aurais pourtant déjà très hâte d'aller faire un tour à Toulven, pour te donner la main à installer notre maison ; et encore, ce n'est pas tout à fait pour cela, tu penses, mais surtout pour rester quelque temps avec toi, et voir notre petit Pierre courir un peu. Il faudra bien qu'on me donne une grande permission quand nous reviendrons, au moins quinze ou vingt jours ; peut-être même que je n'aurai pas assez avec vingt, et que je demanderai jusqu'à trente.

» Chère Marie, je te dirai pourtant que je suis très heureux à bord, surtout d'avoir pu repartir pour ces mers-ci avec M. Pierre ; c'était ce que je demandais depuis bien longtemps. C'est une si belle campagne, et puis tout à fait économique pour moi qui ai bien besoin de ramasser beaucoup d'argent, comme tu sais. Peut-être que je serai proposé pour *second* avant de débarquer, vu que je suis très bien avec tous les officiers.

» J'ai aussi à t'apprendre que les poissons volants... »

Crac !... Sur le pont, on siffle : *En haut tout le monde!* pour le ris de chasse ; Yves se sauve ; et jamais personne n'a su la fin de cette histoire de poissons.

Il a conservé avec sa femme sa manière enfantine d'être et d'écrire. Avec moi, c'est changé, il est devenu un nouvel Yves, plus compliqué et plus raffiné que celui d'autrefois.

LXXXIV

La nuit qui suit est claire et délicieuse. Nous allons tout doucement, dans la mer de Corail, par une petite brise tiède, avançant avec précaution, de peur de rencontrer les îles blanches, écoutant le silence, de peur d'entendre bruire les récifs.

De minuit à quatre heures du matin, le temps du quart se passe à veiller au milieu de ces grandes paix étranges des eaux australes.

Tout est d'un bleu vert, d'un *bleu nuit*, d'une couleur de profondeur ; la lune, qui se tient d'abord très haut, jette sur la mer des petits reflets qui dansent, comme si partout, sur les immenses plaines vides, des mains mystérieuses agitaient sans bruit des milliers de petits miroirs.

Les demi-heures s'en vont l'une après l'autre, tranquilles, la brise égale, les voiles très légèrement tendues. Les matelots de quart, en vêtements de toile, dorment à plat pont, par rangées, couchés sur le même côté tous, emboîtés les uns dans les autres, comme des séries de momies blanches.

A chaque demi-heure, on tressaille en entendant la cloche qui vibre ; et alors deux voix viennent de l'avant du navire, chantant l'une après l'autre, sur une sorte de rythme lent : « Ouvre l'œil au bossoir... tribord ! » dit l'une. « Ouvre l'œil au bossoir... bâbord ! » répond l'autre. On est surpris par ce bruit, qui paraît une clameur effrayante dans tout ce silence, et puis les vibrations des voix et de la cloche tombent, et on n'entend plus rien.

Cependant la lune s'abaisse lentement, et sa lumière bleue se ternit ; maintenant elle est plus près des eaux et y dessine une grande lueur allongée qui traîne.

Elle devient plus jaune, éclairant à peine, comme une lampe qui meurt.

Lentement elle se met à grandir, à grandir, démesurée, et puis elle devient rouge, se déforme, s'enfonce, étrange, effrayante. On ne sait plus ce qu'on voit : à l'horizon, c'est un grand feu terne, sanglant. C'est trop grand pour être la lune, et puis maintenant des choses lointaines se dessinent devant en grandes ombres noires : des tours colossales, des montagnes éboulées, des palais, des Babels !

On sent comme un voile de ténèbres s'appesantir sur les sens ; la notion du réel est perdue. Il vous vient comme l'impression de cités apocalyptiques, de nuées lourdes de sang, de malédictions suspendues. C'est la conception des épouvantes gigantesques, des anéantissements chaotiques, des fins de monde...

Une minute de sommeil intérieur qui vient de passer, malgré toute volonté ; un rêve de dormeur debout qui s'est envolé très vite.

Mirage !... A présent, c'est fini, et la lune est couchée. Il n'y avait rien là-bas que la mer infinie et les vapeurs errantes, annonçant l'approche du matin ; maintenant que la lune n'est plus derrière, on ne les distingue même pas. Tout vient de s'évanouir, et on retrouve la nuit, la vraie nuit, toujours pure et tranquille.

Ils sont bien loin de nous, ces pays de l'Apocalypse : car nous sommes dans la mer de Corail, sur l'autre face du monde, et il n'y a rien ici que le cercle immense, le miroir illimité des eaux...

Un timonier est allé regarder l'heure à la montre. Par déférence pour la lune, il doit noter, sur ce grand registre toujours ouvert, qui est le *journal du bord*, l'instant très précis auquel elle s'est couchée.

Puis il revient pour me dire :

— Capitaine, il est l'heure de *réveiller au quart*.

Déjà ! déjà finies mes quatre heures de nuit. — et l'officier de relève qui va bientôt paraître.

Je commande :

— *Chefs et chargeurs à réveiller au quart*[1] !

Alors, quelques-uns de ceux qui dormaient à plat pont, comme des momies blanches se lèvent, en éveillent quelques autres ; ils partent toute une bande, et descendent. Et puis on entend en bas dans le faux-pont, une vingtaine de voix chanter l'une après l'autre, — en cascade comme on fait pour *Frère Jacques* — une sorte d'air très ancien, qui est joyeux et moqueur.

1. Commandement réglementaire. — A bord, l'équipage est divisé en un certain nombre de *séries*, formant chacune l'armement d'une pièce de canon. — Le chef et les chargeurs de cette pièce doivent conduire les hommes de leur série, et réveiller ceux qui les remplacent pour le quart.

Ils chantent :

« As-tu entendu, les tribordais, debout au quart, debout, debout, debout !... As-tu entendu, les tribordais, debout au quart, debout, debout, debout !... »

Ils vont et viennent courbés sous des hamacs suspendus, et, en passant, secouent les dormeurs à grands coups d'épaule.

Après, je commande, inexorable :

— En haut, les tribordais à l'appel !

Et ils montent demi-nus ; il y en a qui bâillent, d'autres qui s'étirent, qui trébuchent. Ils se rangent par groupes à leur poste, pendant qu'un homme, avec un fanal, les regardant sous le nez, les compte. Les autres, qui dormaient sur le pont vont aller en bas se coucher à leur place.

Yves est monté, lui aussi, avec ces tribordais qu'on vient de réveiller. Je reconnais bien son coup de sifflet que je n'avais plus entendu depuis une année. Et puis je reconnais sa voix, qui résonne et commande pour la première fois sur le pont du *Primauguet*.

Alors je l'appelle très officiellement par son titre, qu'on vient de lui rendre : « Maître de quart ! »

C'était seulement pour lui donner une poignée de main, lui souhaiter bienvenue et bonne fin de nuit avant de m'en aller dormir.

LXXXV

— Hale le bout à bord, Goulven !

C'était dans un accostage difficile. Je venais, avec un canot du *Primauguet*, aborder un bâtiment baleinier d'allures suspectes, qui ne portait aucun pavillon.

Dans l'Océan austral, toujours ; auprès de l'île Tonga-Tabou, du côté du vent. — Le *Primauguet*, lui, était mouillé dans une baie de l'île, en dedans de la ligne des récifs, à l'abri du corail. L'autre, le baleinier, s'était tenu au large presque en pleine mer, comme pour rester prêt à fuir, et la houle était forte autour de lui.

On m'envoyait en corvée pour le reconnaître, pour l'*arraisonner*, comme on dit dans notre métier.

— Hale à bord, Goulven ! hale !

Je levai la tête vers l'homme qui s'appelait Goul-

ven; c'était lui qui, du haut du navire équivoque,
tenait l'amarre qu'on venait de me lancer. Et je fus
saisi de cette figure, de ce regard déjà connu ;
c'était un autre Yves, moins jeune, encore plus basané et plus athlétique peut-être — les traits plus
durs, ayant plus souffert ; — mais il avait tellement ses yeux, son regard, que c'était comme un
dédoublement de lui-même qui m'impressionnait.

Quelquefois j'avais pensé, en effet, que nous pourrions le rencontrer, ce frère Goulven, sur quelqu'un
de ces baleiniers que nous trouvions, de loin en
loin, dans les mouillages du Grand-Océan, et que
nous *arraisonnions* quand ils avaient mauvais air.

J'allai à lui d'abord, sans m'inquiéter du capitaine, qui était un énorme Américain, à tête de pirate, avec une longue barbe épaisse comme le goémon. J'entrai là comme en pays conquis, et les
convenances m'importaient peu.

— C'est vous, Goulven Kermadec?

Et déjà je m'avançais en lui tendant la main, tant
j'en étais sûr.

Mais lui blanchit sous son hâle brun, et recula.
Il avait peur.

Et, par un mouvement sauvage, je le vis qui rassemblait ses poings, raidissait ses muscles, comme pour résister quand même, dans une lutte désespérée.

Pauvre Goulven ! cette surprise de m'entendre dire son nom, — et puis mon uniforme, — et les seize matelots armés qui m'accompagnaient ! Il avait cru que je venais au nom de la loi française, pour le reprendre, et il était comme Yves s'exaspérant devant la force.

Il fallut un moment pour l'apprivoiser ; et puis, quand il sut que son *petit frère* était devenu le mien et qu'il était là, sur le navire de guerre, il me demanda pardon de sa peur avec ce même bon sourire que je connaissais déjà chez Yves.

L'équipage avait singulière mine. Le navire lui-même avait les allures et la tenue d'un bandit. Tout léché, éraillé par la mer, depuis trois ans qu'il errait dans les houles du Grand-Océan sans avoir touché aucune terre civilisée, — mais solide encore, et taillé pour la route. Dans ses haubans, depuis le bas jusqu'en haut, à chaque enfléchure, pendaient des fanons de baleine pareils à de longues franges noires ; on eût dit qu'il avait passé sous l'eau et s'était couvert d'une chevelure d'algues.

En dedans, il était chargé des graisses et des huiles des corps de toutes ces grosses bêtes qu'il avait chassées. Il y en avait pour une fortune, et le capitaine comptait bientôt retourner en Amérique, en Californie où était son port.

Un équipage mêlé : deux Français, deux Américains, trois Espagnols, un Allemand, un mousse indien, et un Chinois pour la cuisine. Plus une *chola* du Pérou, — à demi nue comme les hommes, — qui était la femme du capitaine, et qui allaitait un enfant de deux mois conçu et né sur la mer.

Le logement de cette famille, à l'arrière, avait des murailles de chêne épaisses comme des remparts, et des portes bardées de fer. Au dedans, c'était un arsenal de revolvers, et de coups-de-poing, et de casse-tête. Les précautions étaient prises ; on pouvait, en cas de besoin, tenir là un siège contre tout l'équipage.

D'ailleurs, des papiers en règle. On n'avait pas hissé de pavillon parce qu'on n'en avait plus ; les cafards avaient mangé le dernier, dont on me fit voir les lambeaux en s'excusant ; il était bien aux couleurs d'Amérique, rayé blanc et rouge, avec le *yak* étoilé. Rien à dire ; c'était, en somme, correct.

... Goulven me demandait si je connaissais Plouherzel ; et alors je lui contais que j'avais dormi une nuit sous le toit de sa vieille mère.

— Et vous, dis-je, n'y reviendrez-vous jamais ?

Il souffrait encore, et très cruellement, à ce souvenir ; je le voyais bien.

— C'est trop tard à présent. Il y aurait ma punition à faire à l'État, et je suis marié en Californie, j'ai deux enfants à Sacramento.

— Voulez-vous venir avec moi voir Yves ?

— Venir avec vous ? répéta-t-il bas, d'une voix sombre, comme très étonné de ce que je lui proposais. Venir avec vous ? mais vous savez bien... que je suis déserteur, moi ?

A ce moment, il était tellement Yves, il avait dit cela tellement comme lui, qu'il me fit mal.

Après tout, je comprenais ses craintes d'homme libre et jaloux de sa liberté ; je respectais ses terreurs de la terre française, — car c'est une terre française que le pont d'un navire de guerre ; — à bord du *Primauguet*, on était en droit de le reprendre, c'était la loi.

— Au moins, dis-je, avez-vous envie de le voir ?

— Si j'ai envie de le voir!... mon pauvre petit Yves !

— Allons, c'est bien, je vous l'amènerai. Quand il viendra, je vous demande seulement de lui conseiller d'être sage. Vous me comprenez... Goulven ?

Ce fut lui alors qui me prit la main, et la serra dans les siennes.

LXXXVI

J'avais accepté de dîner le lendemain chez ce capitaine baleinier. Nous nous étions convenus à merveille. Il n'avait rien de la manière des hommes policés, mais il n'était nullement banal. Et puis, surtout, c'était le seul moyen pour moi d'amener Yves à son bord.

Je m'attendais un peu le lendemain matin, au jour, à trouver le baleinier disparu, envolé pendant la nuit comme un oiseau sauvage. Mais non, on le voyait là-bas à son poste, au large, avec toutes ses franges noires dans ses haubans, se détachant sur le grand miroir circulaire des eaux, qui étaient ce jour-là immobiles, et lourdes, et polies, comme des coulées d'argent.

C'était sérieux, cette invitation, et on m'attendait. Par précaution, le commandant avait voulu que les canotiers qui me mèneraient fussent armés et restassent là, tout le temps, avec moi. Justement cela tombait à merveille pour Yves, et je le pris comme patron.

LXXXVII

Le capitaine me reçoit à la coupée, en tenue assez correcte de Yankee ; la *chola*, transformée, porte une robe en soie rose, avec un collier magnifique en perles des îles Pomotou ; j'admire combien elle est belle et combien sa taille est parfaite.

Nous voici dans le logis aux étonnantes murailles bardées de fer. Il y fait sombre et lourd ; mais, par les petites fenêtres épaisses, on voit resplendir des choses qui semblent enchantées : une mer d'un bleu laiteux et d'un poli de turquoise, une île lointaine, d'un violet rose d'iris. et de tout petits nuages orangés flottant dans un profond ciel d'or vert.

Après, quand on a détourné ses yeux de ces petites fenêtres ouvertes, de ces contemplations de lumière, on retrouve plus étrange le logis bas, irrégulier sous ses énormes solives, avec son arsenal de revolvers, de coups-de-poing, de lanières et de fouets.

On mange à ce dîner des conserves de San-Francisco, des fruits exquis de l'île Tonga-Tabou, des *aiguilles*, qui sont de petits poissons fins des mers chaudes ; on boit des vins de France, du *pisco* péruvien et des liqueurs anglaises.

Le Chinois qui nous sert est en robe de soie d'un violet d'évêque, et porte des souliers à hautes semelles de papier. La *chola* chante une *zamacuéca* du Chili, en pinçant sur sa *diguhela* une sorte d'accompagnement qui semble le dandinement monotone d'une mule au trot. Les portes de la forteresse sont grandes ouvertes. Grâce à la présence de mes seize hommes armés, règnent une sécurité, une intimité paisible, qui sont vraiment fort touchantes.

A l'avant, les hommes du *Primauguet* boivent et

chantent avec les baleiniers. C'est fête partout. Et je vois de loin Yves et Goulven, qui ne boivent pas, eux, mais qui font les cent pas en causant. Goulven, le plus grand, a passé son bras sur les épaules de son frère, qui le tient, lui, autour de la taille ; isolés tous deux au milieu des autres, ils se promènent en se parlant à voix basse.

Les verres se vident partout dans des toasts bizarres. Le capitaine, qui d'abord ressemblait à la statue impassible d'un dieu marin ou d'un fleuve, s'anime, rit d'un rire puissant qui fait trembler tout son corps ; sa bouche s'ouvre comme celle d'un cétacé, et le voilà qui dit en anglais des choses étranges, qui s'oublie avec moi dans des confidences à le faire pendre ; la conversation tourne en douce causerie de pirate...

La *chola* rentrée dans sa cabine, on fait venir un matelot tatoué, qu'on déshabille au dessert. C'est pour me montrer ce tatouage, qui représente une chasse au renard.

Cela part du cou : des cavaliers, des chiens, qui galopent, descendent en spirale autour du torse.

— Vous ne voyez pas encore le renard ? me demanda le capitaine avec son plus joyeux rire.

Cela va être si drôle, paraît-il, la découverte de ce renard, qu'il en est pâmé d'avance. Et il fait tourner l'homme, déjà ivre, plusieurs fois sur lui-même, pour suivre cette chasse qui descend toujours. Aux environs des reins, cela se corse, et on prévoit que cela va finir.

— Eh ! le voilà, le renard ! crie le capitaine à tête de fleuve, au comble de sa gaîté de sauvage, en se renversant, pâmé d'aise et de rire.

La bête poursuivie se remisait dans son terrier ; on n'en voyait que la moitié. Et c'était la grande surprise finale. On invita ce matelot à toaster avec nous, pour sa peine de s'être fait voir.

Il était temps d'aller prendre sur le pont un peu d'air pur, l'air frais et délicieux du soir. La mer, toujours aussi immobile et lourde, luisait au loin, reflétant de dernières lueurs du côté de l'ouest. Maintenant les hommes dansaient, au son d'une flûte qui jouait un air de gigue.

En dansant, les baleiniers nous jetaient de côté des regards de chats, moitié timidité curieuse, moitié dédain farouche. Ils avaient de ces jeux de physionomie que les coureurs de mer ont gardés de l'homme primitif ; des gestes drôles à propos de tout, une mimique excessive, comme les animaux à l'état libre. Tantôt ils se renversaient en arrière, tout cambrés; tantôt, à force de souplesse naturelle et par habitude de ruse, ils s'écrasaient, en enflant le dos, comme font les grands félins quand ils marchent à la lumière du jour. Et ils tournaient tous, au son de la petite musique flûtée, du petit turlututu sautillant et enfantin ; très sérieux, faisant les beaux danseurs, avec des poses gracieuses de bras et des ronds de jambes.

Mais Yves et Goulven se promenaient toujours enlacés. Ils se hâtaient pour tout ce qu'ils avaient encore à se dire, ils pressaient leur entretien dernier et suprême, comprenant que j'allais partir. Ils s'étaient vus une fois, quinze ans auparavant, alors qu'Yves était petit encore, pendant cette journée que Goulven était venu passer à Plouherzel, en se cachant comme un banni. Et sans doute ils ne se retrouveraient jamais plus.

On vit tout à coup deux de ces danseurs qui se tenaient par la taille, se jeter à terre, toujours serrés l'un à l'autre, et puis se débattre, râler, pris d'une rage subite ; ils cherchaient à s'enfoncer leur couteau dans la poitrine, et le sang faisait déjà sur les planches ses marques rouges.

Le capitaine à tête de fleuve les sépara en les cinglant tous deux avec une lanière en cuir d'hippopotame.

— *No matter*, dit-il ; *they are drunk !* (ce n'est rien, ils sont ivres !)

Il était temps de partir. Goulven et Yves s'embrassèrent, et je vis que Goulven pleurait.

Comme nous revenions sur la mer tranquille, les premières étoiles australes s'allumant en haut, Yves me parlait de son frère :

— Il n'est pas trop heureux. Pourtant il ne gagne pas mal d'argent, et il a une petite maison en Californie, où il espère revenir. Mais voilà, c'est le mal du pays qui le tue.

... Ce capitaine m'avait juré de venir le lendemain avec sa *chola* dîner à mon bord. Mais, pendant la nuit, le baleinier prit le large, s'évanouit dans l'immensité vide ; nous ne le vîmes plus.

LXXXVIII

— Vous êtes venue toucher votre *délègue* aussi, madame Quémeneur ?

— Et vous aussi donc, madame Kerdoncuff ?

— Où est-ce qu'il navigue aussi, votre mari, madame Quémeneur ?

— En Chine, madame Kerdoncuff, dessus le *Kerguelen*.

— Et le mien aussi donc, madame Quémeneur ; il navigue là-bas, dessus la *Vénus*.

C'est dans la rue des Voûtes, à Brest, sous la pluie fine, que cela se chante à deux voix fausses, dans des tonalités surprenantes.

Cette rue des Voûtes est toute pleine de femmes qui attendent là depuis le matin, à la porte d'une laide bâtisse en granit : *la Caisse des gens de mer*. Femmes de Brest, que la pluie froide ne rebute plus, elles causent aigrement les pieds dans l'eau, pressées contre les murs de la ruelle triste, sous le brouillard gris.

C'est le premier jour du trimestre. Elles font

queue pour être payées, et il était temps ! l'argent manquait dans tous ces logis noirs de la grande ville.

Femmes dont les maris naviguent au loin, elles vont toucher leur *délègue* (lisez : délégation), la solde que ces marins leur abandonnent.

Après, elles iront la boire. Il y a, en face, un cabaret qui est venu s'établir là tout exprès. C'est : *A la mère de famille*, chez madame Pétavin. Dans Brest, on l'appelle : *le Cabaret de la délègue*.

Madame Quémeneur, le visage plat comme un carlin, les mâchoires massives, le ventre en avant, porte un waterproof et un bonnet de tulle noir avec des coques bleues.

Madame Kerdoncuff, malsaine, verdâtre, un aspect de mouche-à-viande, montre une figure chafouine sous un chapeau orné de deux roses avec leur feuillage.

A mesure que l'heure approche, la foule des ivrognesses augmente. La caisse est assiégée, il y a des contestations aux portes. Le guichet va s'ouvrir.

Et Marie, la femme d'Yves, est là aussi, dans cette promiscuité immonde, tenant le petit Pierre par la main. Un peu timide, se sentant triste, ayant une vague frayeur de toutes ces femmes, elle laisse passer les plus pressées, et se tient contre le mur, du côté où la pluie ne donne pas.

— Entrez donc, ma petite dame, au lieu de faire mouiller comme cela ce joli petit garçon.

C'est madame Pétavin qui vient d'apparaître sur sa porte, très souriante :

— Faut-il vous servir quelque chose ? Un peu de doux ?

— Oh ! merci, madame, je ne bois pas, répond Marie, qui, voyant le cabaret encore vide, est entrée tout de même, de peur de faire enrhumer son petit Pierre. — Mais si je vous gêne, madame...

Assurément non, elle ne gênait pas du tout madame Pétavin, qui avait l'âme bonne et qui la fit asseoir.

Voici madame Quémeneur et madame Kerdoncuff, les premières payées, qui entrent, ferment leur parapluie, et prennent place.

— Madame ! madame ! mettez un *quart* dans deux verres, aussi donc !

Inutile de dire un quart de quoi : c'est d'eau-de-vie très raide qu'il s'agit.

Ces dames causent :

— Et alors, qu'est-ce qu'il fait votre mari sur *le Kerguelen*, madame Quémeneur ?

— Il est chef de hune, madame Kerdoncuff.

— Et le mien aussi donc, il est chef de hune, madame Quémeneur ! Eh ! les femmes de chef peuvent bien trinquer ensemble... Alors, à la vôtre, Victoire-Yvonne !

Ces dames s'appellent déjà par leur petit nom. Les verres se vident.

Marie tourne vers elles son regard clair, les dévisageant tout à coup avec une grande curiosité, comme on fait pour les bêtes de ménagerie. Et puis elle a envie de s'en aller. Mais, dans la rue, la pluie tombe fort, et, devant la porte de la caisse, il y a encore bien du monde.

— A la vôtre, Victoire-Yvonne !

— A la vôtre, Françoise !

Allons, le litre y passera.

Ces dames se racontent leurs petites affaires : C'est dur tout de même pour joindre les deux bouts ! Mais tant pis ! le boulanger, lui, d'abord, pourra bien attendre le trimestre prochain. Le boucher, eh bien, on lui donnera un acompte. Aujourd'hui, un jour de paye, comment ne pas s'égayer un peu ?

— Moi encore, dit madame Kerdoncuff, avec un sourire de coquetterie plein de sous-entendus, je ne suis pas trop malheureuse, parce que, voyez-vous, j'ai un *vétéran* que je loge en garni, qui est quartier-maître dans le port.

C'est compris. Même sourire sur le visage de madame Quémeneur.

— C'est comme moi, j'ai un fourrier... A la tienne, Françoise ! (Ces dames se tutoient.) Il est polisson, mon fourrier, si tu savais !...

Et le chapitre des confidences intimes est ouvert.

Marie Kermadec se lève. A-t-elle bien entendu ? Beaucoup de ces mots lui sont inconnus, assurément, mais le sens en est transparent et le geste vient à l'appui. Est-ce qu'il y a vraiment des femmes qui peuvent dire des choses pareilles ? Et elle sort, sans se retourner, sans dire merci, rouge, sentant tout le sang qui lui est monté aux joues.

— As-tu vu celle-là, la mouche qui l'a piquée ?

— Dame, vous savez, c'est de la campagne ; ça

porte encore la coiffe de Bannalec, ça n'a pas d'usage.

— A la tienne, Victoire-Yvonne !

Le cabaret se remplit. A la porte, les parapluies se ferment, les vieux waterproofs se secouent ; toutes ces dames entrent, les litres circulent.

Et, au logis, il y a des petits qui piaulent avec des voix de chacal en détresse ; des enfants hâves qui crient le froid ou la faim. — Tant pis, à la tienne, c'est jour de paye !

... Quand Marie fut dehors, elle aperçut un groupe de femmes en grande coiffe qui étaient restées à l'écart pour laisser passer la presse des effrontées ; vite elle vint prendre place parmi elles afin de se retrouver en honnête compagnie. Il y avait là de bonnes vieilles mères des villages qui étaient venues pour toucher la délégation de leurs enfants, et qui se tenaient sous leur parapluie de coton, avec de ces figures dignes, pincées, que se font les paysannes à la ville.

En attendant son tour, elle lia connaissance avec une vieille de Kermézeau qui lui conta l'histoire de son fils, un canonnier de l'*Astrée*. Il paraît que, dans sa première jeunesse, il avait fait des tours comme Yves, et puis il était devenu tout à fait rangé en prenant de l'âge ; il ne fallait jamais désespérer des marins...

C'est égal, dans son indignation contre ces femmes de Brest, Marie venait de prendre un grand parti : s'en retourner à Toulven, coûte que coûte, et dès demain si c'était possible.

Aussitôt rentrée au logis, elle se mit à écrire une longue lettre à Yves pour lui motiver sa décision. Il est vrai, le loyer de Recouvrance courrait encore pendant trois mois et la petite maison de Toulven ne serait pas finie de longtemps ; mais elle rattraperait tout cela à force de travail et d'économie ; elle se mettrait à repasser *pour le monde*, à tuyauter les grandes collerettes du pays, un ouvrage difficile, qu'elle savait parfaitement réussir au moyen d'un jeu de roseaux très fins.

Ensuite elle raconta dans sa lettre toutes les nouvelles choses que petit Pierre savait dire et faire ; elle y mit, en termes très naïfs, sa grande tendresse pour l'absent ; elle y attacha une mèche de cheveux, coupés sur une certaine petite tête brune très remuante ; et puis enferma le tout dans une enveloppe de papier mince et écrivit dessus:

A MONSIEUR KERMADEC, YVES,
Chef de hune à bord du *Primauguet*, dans les mers du Sud,
aux soins du consul de France à Panama,
pour envoyer à la suite du navire.

Pauvre petite lettre ! qui sait ? elle arrivera peut-être. Ça n'est pas impossible, ça s'est vu. Dans cinq mois, dans dix mois, toute salie et couverte de cachets américains : elle arrivera peut-être fidèlement, pour porter à Yves l'amour profond de sa femme et les cheveux bruns de son fils.

LXXXIX

Mai 1882.

... Ce soir-là, dans les solitudes australes, le vent s'était mis à gémir. Dans tout cet immense mouvant où habitait le *Primauguet*, on voyait courir l'une après l'autre les longues lames bleu sombre. La brise était humide, et donnait froid.

En bas, dans le faux pont, Le Hir, l'idiot, se

dépêchait, avant la nuit, de coudre un cadavre dans des morceaux de toile grise qui étaient des débris de voiles.

Yves et Barrada, debout, le surveillaient avec horreur. Ils étaient obligés de se tenir tout près de lui, dans une très petite chambre mortuaire qu'on avait faite avec d'autres voiles tendues et dont un canonnier gardait l'entrée, le sabre d'abordage au poing.

C'était Barazère qu'on cousait dans ces toiles grises. Il venait de mourir d'un mal pris jadis à Alger, — une nuit de plaisir... Plusieurs fois on l'avait cru guéri ; mais le poison incurable restait dans son sang, reparaissait toujours et à la fin l'avait vaincu. Les derniers jours, il était couvert de plaies hideuses, et ses amis ne l'approchaient plus.

C'était Le Hir qui le cousait, tous les autres ayant refusé, par peur de son mal. Lui avait accepté à cause de deux *quarts* de vin qu'on lui avait promis.

Le roulis le remuait, le gênait dans sa besogne, lui dérangeait son cadavre, et il s'impatientait dans l'attente de ce vin qu'il allait boire.

D'abord les pieds; on lui avait recommandé de les bien serrer, à cause du boulet qu'on y attache pour faire couler le mort. Ensuite il cousait en remontant le long des jambes; on ne voyait déjà plus le corps, enveloppé dans plusieurs doubles de toile dure; rien que la tête pâle, reposée dans la mort, et restée très belle avec un sourire tranquille. Et puis rudement, par un geste de brute, Le Hir ramena dessus un pan de la toile grise, et ce visage fut voilé à jamais.

Il avait de vieux parents, ce Barazère, qui l'attendaient dans un village de France.

Quand ce fut fini, Yves et Barrada sortirent de la chambre mortuaire, poussant Le Hir. devant eux par les épaules, afin de le conduire à la poulaine et de lui faire laver les mains avant de le laisser boire.

Ils avaient échangé sans doute leurs idées sur la mort, car Barrada en sortant disait avec son accent bordelais:

— Ah! ouatte! Les hommes, vois-tu, c'est comme les bêtes: on en fait d'autres, mais ceux qui sont crevés...

Et il finit par cette espèce de rire à lui, qui

sonnait creux et profond comme un rugissement.

Dans sa bouche, ce n'était pas une phrase impie; seulement il ne savait pas mieux dire.

Ils avaient même le cœur très serré tous les deux, ils regrettaient Barazère. A présent, ce mal qui leur avait fait peur était enfermé, oublié; dans leur souvenir, celui qui était mort se dégageait de cette impureté finale, s'ennoblissait tout à coup; et ils le revoyaient comme au temps de sa force, ils s'attendrissaient en pensant à lui.

XC

> Il y a rien d' farand
> Comme un matelot
> Qu'a lavé sa peau
> Dans cinq ou six eaux...

Le lendemain matin, au lever du soleil, la brise était restée fraîche et vive. Le *Primauguet* filait très vite et se secouait dans sa course, avec ce déhanchement souple et vigoureux des grands coureurs. Sur l'avant du navire, les hommes de la bordée de quart faisaient en chantant leur première toilette. Nus, semblables à des antiques avec leurs bras forts, ils se lavaient à grande eau froide ; ils plongeaient de la tête et des épaules dans les bailles, couvraient leur poitrine d'une mousse blanche de savon, et puis s'associaient deux à deux, naïvement, pour se mieux frotter le dos.

Tout à coup ils se rappelèrent le mort, et leur chanson gaie s'arrêta. D'ailleurs, ils venaient de voir les hommes de l'autre bordée qui montaient au commandement de l'officier de quart, et se rangeaient en ordre sur l'arrière, comme pour les inspections. Ils devinaient pourquoi et ils s'approchèrent tous.

Une grande planche toute neuve était posée en travers sur les bastingages, débordant, faisant bascule au-dessus de la mer, et on venait d'apporter d'en bas une chose sinistre qui semblait très lourde, une gaine de toile grise qui accusait une forme humaine...

Quand Barazère fut couché sur la grande planche neuve, en porte-à-faux au-dessus des lames pleines d'écume, tous les bonnets des marins s'abaissèrent pour un salut suprême ; un timonier récita une prière, des mains firent des signes de croix, — et puis, à mon commandement, la planche bascula et on entendit le bruit sourd d'un grand remous dans les eaux.

Le *Primauguet* continuait de courir, et le corps de Barazère était tombé dans ce gouffre, immense en profondeur et en étendue, qui est le Grand-Océan.

Alors tout bas, comme un reproche, je répétai à Yves qui était près de moi, la phrase de la veille :

— Les hommes, c'est comme les bêtes : on en fait d'autres, mais...

— Oh ! répondit-il, ce n'est pas moi qui ai dit cela ; c'est lui. (*Lui* — c'est-à-dire Barrada, — l'entendit et tourna la tête vers nous. Il pleurait à chaudes larmes.)

Cependant on regardait derrière avec inquiétude, dans le sillage : c'est qu'il arrive, quand le requin est là, qu'une tache de sang remonte à la surface de la mer.

Mais non, rien ne reparut ; il était descendu en paix dans les profondeurs d'en dessous.

Descente infinie, d'abord rapide comme une chute ; puis lente, lente, alanguie peu à peu dans les couches de plus en plus denses. Mystérieux voyage de plusieurs lieues dans des abîmes inconnus ; où le soleil qui s'obscurcit paraît semblable à une lune blême, puis verdit, tremble, s'efface. Et alors l'obscurité éternelle commence ; les eaux montent, montent, s'entassent au-dessus de la tête du voyageur mort comme une marée de déluge qui s'élèverait jusqu'aux astres.

Mais, en bas, le cadavre tombé a perdu son horreur ; la matière n'est jamais immonde d'une façon absolue. Dans l'obscurité, les bêtes invisibles des eaux profondes vont venir l'entourer ; les madrépores mystérieux vont pousser sur lui leurs branches, le manger très lentement avec les mille petites bouches de leurs fleurs vivantes.

Cette sépulture des marins n'est plus violable par aucune main humaine. Celui qui est descendu dormir si bas est plus mort qu'aucun autre mort ; jamais rien de lui ne remontera ; jamais il ne se mêlera plus à cette vieille poussière d'hommes qui, à la surface, se cherche et se recombine toujours dans un éternel effort pour revivre. Il appartient à la vie d'en dessous ; il va passer dans les plantes de pierre qui n'ont pas de couleur, dans les bêtes lentes qui sont sans forme et sans yeux...

XCI

Le soir de l'immersion de Barazère, Yves avait amené son ami Jean Barrada dans ma chambre avec lui. Ils restaient maintenant les derniers de toute l'ancienne bande : Kerboul, Le Hello, dormaient depuis longtemps au fond de la mer, descendus, eux aussi, en pleine jeunesse ; les autres, partis pour naviguer au commerce, ou rentrés dans leurs villages ; tous dispersés.

C'étaient de très anciens amis, Yves et ce Barrada. A terre, quand ils étaient réunis, il ne faisait pas bon se mettre en travers de leurs fantaisies.

Je les vois encore tous deux assis devant moi, de moitié sur la même chaise à cause de l'exiguïté du logis, se tenant d'une main par habitude de *rouler*, et me regardant avec leurs yeux attentifs. C'est que j'essayais de leur démontrer ce soir-là que *les hommes ce n'était pas comme les bêtes*, de leur parler du mystérieux *après*... Et eux, ayant cette mort toute fraîche dans la mémoire, m'écoutaient surpris, captivés au milieu de cette tranquillité, très particulière des soirs où la mer se calme, tranquillité qui prédispose à comprendre l'incompréhensible.

Vieux raisonnements ressassés d'école que je leur développais et qui pouvaient impressionner encore leurs têtes jeunes... C'était peut-être très bête, ce cours d'immortalité; mais cela ne leur faisait aucun mal, au contraire.

XCII

Ces mers où se tenait le *Primauguet* étaient presque toujours du même bleu de lapis : c'était la région des alizés et du beau temps qui ne finit pas.

Quelquefois, pour aller d'un groupe d'îles à un autre, il nous fallait franchir l'équateur, passer par les grandes immobilités, les splendeurs mornes.

Et, après, quand l'alizé vivifiant reprenait dans un hémisphère ou dans l'autre, quand le *Primauguet* réveillé se remettait à courir, alors on sentait mieux, par contraste, le charme d'aller vite, le charme d'être sur cette grande chose inclinée, frémissante, qui semblait vivre et qui vous obéissait, alerte et souple, en filant toujours.

Quand nous courions vers l'est, c'était au plus près du vent, dans ces régions d'alizés ; alors le *Primauguet* se lançait contre les lames régulières et moutonnées des tropiques pendant des jours entiers, sans se lasser, avec les mêmes petits trémoussements joyeux de poisson qui s'amuse. Ensuite, quand nous revenions sur nos pas, vent arrière, tout couverts de voiles, déployant toute notre large envergure blanche, notre marche, toujours aussi rapide, devenait si facile, si glissante, que nous ne nous sentions plus filer ; nous étions comme soulevés par une espèce de vol, et notre allure était comme un planement d'oiseau.

Pour les matelots, les jours continuaient à se ressembler beaucoup.

Chaque matin, c'était d'abord un délire de propreté qui les prenait dès le branle-bas. A peine réveillés, on les voyait sauter, courir pour commencer au plus vite le grand lavage. Tout nus, avec un bonnet à pompon, ou bien habillés d'un *tricot de combat* (qui est une petite pièce tricotée pour le cou, à peu près comme une bavette de nouveau-né), ils se dépêchaient de tout inonder. Des jets de pompe, des seaux d'eau lancés à tour de bras. Ils se dépêchaient, s'en jetant dans les jambes, dans le dos, tout éclaboussés, tout ruisselants, chavirant tout pour tout laver; ensuite, usant le pont, déjà très blanc, avec du sable, des frottes, des grattes, pour le blanchir encore.

On les interrompait pour les envoyer sur les vergues faire quelque manœuvre du matin, larguer le ris de chasse ou rectifier la voilure ; alors ils se vêtaient à la hâte, par convenance, avant de monter, et exécutaient vite cette manœuvre commandée, pressés de revenir en bas s'amuser dans l'eau.

A ce métier, les bras se faisaient forts et les poitrines bombées; il arrivait même que les pieds, par habitude de grimper nus, devenaient un peu prenants, comme ceux des singes.

Vers huit heures, ce lavage devait finir, à un certain roulement de tambour. Alors, pendant que l'ardent soleil séchait très vite toutes ces choses qu'ils avaient mouillées, eux commençaient à fourbir ; les cuivres, les ferrures, même les simples boucles, devaient briller clair comme des miroirs. Chacun se mettait à la petite poulie, au petit objet, dont la toilette lui était particu'ièrement confiée, et le polissait avec sollicitude, se reculant de temps en temps d'un air entendu pour voir si ça reluisait, si ça faisait bien. Et, autour de ces grands enfants, le monde, c'était toujours et toujours le cercle bleu, l'inexorable cercle bleu, la solitude resplendissante, profonde, qui ne finissait pas, où rien ne changeait et où rien ne passait.

Rien ne passait que les bandes étourdies des poissons-volants aux allures de flèche, si rapides qu'on apercevait que des luisants d'ailes, et c'était tout. Il y en avait de plusieurs sortes : d'abord les gros, qui étaient couleur d'acier bleui, et puis de plus petits et de plus rares qui semblaient avoir des nuances de mauve et de pivoine ; on était surpris par leur vol rose, et, quand on voulait les regarder, c'était trop tard ; un petit coin de l'eau crépitait encore et étincelait de soleil comme sous une grêle de balles ; c'était là qu'ils avaient fait leur plongeon, mais ils n'y étaient plus.

Quelquefois une frégate — grand oiseau mystérieux qui est toujours seul — traversait à une excessive hauteur les espaces de l'air, filant droit avec ses ailes minces et sa queue en ciseaux, se hâtant comme si elle avait un but. Alors les matelots se montraient le voyageur étrange, le suivaient des yeux tant qu'il restait visible, et son passage était consigné sur le journal du bord.

Mais des navires, jamais ; elles sont trop grandes, ces mers australes ; on ne s'y rencontre pas.

Une fois, on avait trouvé une petite île océanienne entourée d'une blanche ceinture de corail. Des femmes qui habitaient là s'étaient approchées dans des pirogues, et le commandant les avait laissées monter à bord, devinant pourquoi elles étaient venues. Elles avaient toutes des tailles admirables, des yeux très sauvages à peine ouverts entre des cils trop lourds ; des dents très blanches, que leur rire montrait jusqu'au fond. Sur leur peau, couleur de cuivre rouge, des tatouages très compliqués ressemblaient à des réseaux de dentelles bleues.

Leur passage avait rompu pour un jour cette continence que les matelots gardaient. Et puis l'île, à peine entrevue, s'était enfuie avec sa plage blanche et ses palmes vertes, toute petite au milieu du grand désert des eaux, et on n'y avait plus pensé.

On ne s'ennuyait pas du tout à bord. Les journées étaient très suffisamment remplies par des travaux ou des distractions.

A certaines heures, à certains jours fixés d'avance, par le *tableau du service à la mer*, on permettait aux matelots d'ouvrir les sacs de toile où leurs trousseaux étaient renfermés (cela s'appelait : *aller aux sacs*). Alors ils étalaient toutes leurs petites affaires, qui étaient pliées là dedans avec un soin comique et le pont du *Primauguet* ressemblait tout à coup à un bazar. Ils ouvraient leurs boîtes à coudre, disposaient des petites pièces très artistement taillées pour réparer leurs vêtements, que le jeu continuel et la force des muscles usaient vite ; il y avait des marins qui se mettaient nus pour raccommoder gravement leur chemise ; d'autres, qui repassaient leurs grands cols par des procédés extraordinaires (en se tenant longtemps assis dessus) ; d'autres, qui prenaient dans leur boîte à écrire de pauvres petits papiers jaunis, fanés, portant les timbres de différents recoins perdus du pays breton ou du pays basque, et se mettaient à lire : c'étaient des lettres des mères, des sœurs, des fiancées, qui habitaient dans les villages de là-bas.

Et ensuite, à un coup de sifflet roulé, très spécial qui signifiait : « Ramassez les sacs ! » tout cela disparaissait comme par enchantement, replié, resserré, redescendu à fond de cale, dans les casiers numérotés que les terribles sergents d'armes venaient fermer avec des chaînettes de fer.

En les regardant, on aurait pu se tromper à leurs airs patients et sages, si on ne les eût pas mieux connus ; en les voyant si absorbés dans ces occupations de petites filles, dans ces déballages de poupées, impossible de s'imaginer de quoi ces mêmes jeunes hommes pouvaient redevenir capables une fois lâchés sur terre.

Il n'y avait qu'une heure de mélancolie inévitable, c'était quand la prière du soir venait d'être dite, quand les signes de croix des Bretons venaient de finir et que le soleil était couché ; à cette heure-là, assurément, beaucoup d'entre eux songeaient au pays.

Même dans ces régions d'admirable lumière, il y a toujours cette heure indécise entre le jour et la nuit, qui est triste. On voyait à cet instant-là des têtes de matelots se tourner involontairement vers cette dernière bande de lumière qui persistait du côté du couchant, très bas, à toucher la ligne des eaux.

Une bande nuancée toujours ; sur l'horizon c'était d'abord du rouge sombre, un peu d'orangé au-dessus, un peu de vert pâle, une traînée de phosphore, et puis cela se fondait en montant avec les gris éteints, avec les nuances d'ombre et d'obscurité. De derniers reflets d'un jaune triste restaient sur la mer, qui luisait encore çà et là avant de prendre ses tons neutres de la nuit ; ce dernier regard oblique du jour, jeté sur les profondeurs désertes, avait quelque chose d'un peu sinistre, et on s'inquiétait malgré soi de l'immensité des eaux. C'était l'heure des révoltes intimes et des serrements de cœur. C'était l'heure où les matelots avaient la notion vague que leur vie était étrange et contre nature, où ils songeaient à leur jeunesse séquestrée et perdue. Quelque lointaine image de femme passait devant leurs yeux, entourée d'un charme alanguissant, d'une douceur délicieuse. Ou bien ils faisaient, avec un trouble subit de leurs sens, le rêve de quelque fête insensée de luxure et d'alcool pour se rattraper et s'étourdir, la prochaine fois qu'on les déchaînerait à terre...

Mais, après, venait la vraie nuit, tiède, pleine d'étoiles, et l'impression passagère était oubliée ; les matelots venaient tous s'asseoir ou s'étendre à l'avant du navire et commençaient à chanter.

Il y avait des gabiers qui savaient de longues chansons très jolies, dont les refrains se reprenaient en chœur. Les voix étaient belles et vibrantes dans les silences sonores de ces nuits.

Il y avait aussi un vieux maître qui contait toujours à un petit cercle attentif d'interminables histoires : c'étaient des aventures très certainement arrivées autrefois à de beaux gabiers, que des princesses amoureuses avaient emmenés dans des châteaux.

Il courait toujours, le *Primauguet*, traçant derrière lui, dans l'obscurité, une vague traînée blanche qui s'effaçait à mesure, comme une queue de météore. Il courait toutes les nuits, sans se reposer ni dormir ; seulement ses grandes ailes perdaient le soir leur blancheur de goéland, et, sur les lueurs diffuses du ciel, on les voyait tout à coup découper, en ombres chinoises, des pointes et des échancrures de chauve-souris.

Mais il avait beau courir, il était toujours au

milieu du même grand cercle qui semblait éternellement se reformer, s'étendre et le suivre.

Quelquefois ce cercle était noir et dessinait nettement partout sa ligne inexorable qui s'arrêtait aux premières étoiles du ciel, ou bien l'immense contour était adouci par des vapeurs qui fondaient tout ensemble ; alors on se figurait courir dans une espèce de globe d'un bleu gris, très étoilé, dont on s'étonnait de ne jamais rencontrer les parois fuyantes.

L'étendue était remplie des bruits légers de l'eau, l'étendue était toujours bruissante à l'infini, mais d'une manière contenue et presque silencieuse ; elle rendait un son puissant et insaisissable, comme ferait un orchestre de milliers de cordes que les archets frôleraient à peine et avec grand mystère.

Par instants, les étoiles australes se mettaient à briller d'éclats très surprenants; les grandes nébuleuses étincelaient comme une poussière de nacre, toutes les teintes de la nuit semblaient s'éclairer, par transparence, de lumières étranges, on se serait cru à ces moments des féeries où tout s'illumine pour quelque immense apothéose ; et on se disait :

pourquoi est-ce que les choses resplendissent de cette manière, qu'est-ce qui va se passer, qu'est-ce qu'il y a...? Eh bien, non, il n'y avait rien, jamais; c'était simplement la région des tropiques qui était ainsi. Il n'y avait rien que les mers désertes, et toujours l'étendue circulaire, absolument vide...

Ces nuits étaient bien d'exquises nuits d'été, douces, douces, plus que nos plus douces nuits de juin. Et elles troublaient un peu tous ces hommes dont les aînés n'avaient pas trente ans...

Ces obscurités tièdes apportaient des idées d'amour dont on n'aurait pas voulu. On se voyait près de s'amollir encore dans des rêves troublants; on sentait le besoin d'ouvrir ses bras à quelque forme humaine très désirée, de l'étreindre avec une tendresse fraîche et rude, infinie. Mais non, personne, rien... Il fallait se raidir, rester seul, se retourner sur les planches dures de ce pont de bois, puis penser à autre chose, se remettre à chanter... Et alors les belles chansons, gaies ou tristes, vibraient plus fort, dans le vide de la mer.

Pourtant, on était bien sur ce gaillard d'avant pendant ces veillées du large; on y recevait en pleine poitrine les souffles frais de la nuit, les brises vierges qui n'avaient jamais passé sur terre, qui n'apportaient aucun effluve vivant, qui n'avaient aucune senteur. Quand on était étendu là, on perdait peu à peu la notion de tout, excepté de la vitesse, qui est toujours une chose amusante, même quand on n'a pas de but et qu'on ne sait pas où l'on va.

Ils n'avaient pas de but, les matelots, et ils ne savaient pas où ils allaient. A quoi bon d'ailleurs, puisqu'on ne leur permettait nulle part de mettre les pieds sur terre ? Ils ignoraient la direction de cette course rapide et l'infinie profondeur des solitudes où ils étaient ; mais cela les amusait d'aller droit devant eux, dans l'obscurité bleuâtre, très vite, et de se sentir filer. En chantant leurs chansons du soir, ils regardaient ce beaupré, toujours lancé en avant, avec ses deux petites cornes et sa tournure d'arbalète tendue, qui sautillait sur la mer, qui effleurait l'eau bruissante à la façon très légère d'un poisson volant.

XCIII

Sur ce *Primauguet*, mon cher Yves était sans reproche, comme il nous l'avait promis. Les officiers le traitaient avec des égards un peu particuliers à cause de sa tenue, de sa manière d'être, qui n'étaient déjà plus celles de tous les autres. Et il restait, malgré tout, au premier rang de cette rude bande dont le maître d'équipage disait avec orgueil :

— Ça, c'est moitié requin ; ça n'a pas peur.

Il avait repris son habitude d'autrefois d'arriver le soir, à petits pas de chat, dans ma chambre, aux heures où je la lui abandonnais. Il s'installait à lire mes livres ou mes papiers, sachant bien qu'il avait permission de tout regarder; il apprenait à comprendre les cartes marines, s'amusait à y marquer des points et à y mesurer des distances. Très souvent, il écrivait à sa femme, et il arrivait que ses petites lettres, interrompues par la manœuvre, restaient à courir parmi les miennes. J'en trouvai une un jour qui était destinée sans doute à partir sous double enveloppe, et sur laquelle il avait mis cette adresse drôle :

A MADAME MARIE KERMADEC,

Chez ses parents, à Trémeulé en Toulven, pays de Bretagne, commune des Loups, paroisse des Écureuils, à droite, sous le plus gros chêne.

On avait peine à se représenter ce grand Yves écrivant de ces choses de petit enfant.

C'était sa première longue absence depuis son mariage. De loin, il se mettait à songer beaucoup à cette jeune femme qui avait déjà tant souffert par lui, et qui l'avait tant aimé ; maintenant elle lui apparaissait, au fond de ce lointain, sous un aspect nouveau.

XCIV

En juillet, — le mauvais mois de l'hiver austral, — nous sortîmes de la région des alizés pour redescendre jusqu'à Valparaiso.

Là, je dus quitter le *Primauguet* et m'embarquer sur un grand vaisseau à voiles qui rentrait à Brest après son tour du monde.

Il s'appelait *le Navarin;* on y embarqua aussi tous les hommes de notre bord qui avaient fini leur temps de service : entre autres, Barrada, qui s'en allait à Bordeaux, avec sa ceinture garnie d'or, épouser sa petite fiancée espagnole.

Très brusquement, comme toujours, je dis adieu à Yves, le recommandant encore une fois à tous, et je partis pour la France par la grande route du cap Horn.

XCV

20 octobre 1882.

. . . .

Je me souviens de ce jour passé en Bretagne, Nous trois, courant sous le ciel gris, dans ces bois de Toulven, Marie, Anne et moi.

Ma tête encore toute pleine de soleil et de mer bleue, et cette Bretagne revue tout à coup et si vite pour quelques heures, absolument comme dans les rêves que nous en faisions à la mer... Il me semblait comprendre son charme pour la première fois.

Et Yves resté là-bas, lui, dans le Grand-Océan.

Le sentir si loin, et me retrouver seul dans ces sentiers de Toulven !

Nous courions comme des fous tous les trois dans les chemins verts, sous le ciel gris, elles avec leurs grandes coiffes au vent. La nuit allait bientôt venir, et c'était pour faire pendant cette dernière heure de jour la moisson de fougères et de bruyères bretonnes que je devais, le lendemain matin, emporter avec moi à Paris. Oh ! ces départs, toujours rapides, changeant tout, jetant leur tristesse sur les choses qu'on va quitter, et nous lançant après dans l'inconnu !

Cette fois encore, c'était la grande mélancolie de l'arrière-automne : l'air resté tiède, la verdure admirable, presque l'intensité de vert des tropiques, mais toujours ce ciel breton tout gris et sombre, et déjà des senteurs de feuilles mortes et d'hiver...

Nous avions laissé petit Pierre à la maison pour courir plus vite. En route, nous cueillions les dernières digitales, les derniers silènes roses, les dernières scabieuses.

Dans les chemins creux, dans la nuit verte, nous rencontrions les vieillards à longue chevelure, les femmes au corselet de drap brodé de rangées d'yeux.

Il y avait des carrefours mystérieux au milieu de

ces bois. Au loin, on voyait les collines boisées s'étager en lignes monotones, toujours cet horizon sans âge du pays de Toulven; ce même horizon que les Celtes devaient voir, les derniers plans de la vue se perdant dans les obscurités grises, dans les tons bleuâtres qui passaient au noir.

Oh! mon cher petit Pierre, comme je l'avais embrassé fort en arrivant sur cette route de Toulven! De très loin, j'avais vu venir ce petit bonhomme, que je ne reconnaissais pas, et qui courait à ma rencontre en sautant comme un cabri. On lui avait dit: « C'est ton parrain qui arrive là-bas, » et alors il avait pris sa course. Il était grandi et embelli, avec un certain air plus entreprenant et plus tapageur.

Ce fut à ce voyage que je vis pour la première et la dernière fois la petite Yvonne, une fille d'Yves qui était née après notre départ, et qui ne fit sur la terre qu'une courte apparition de quelques mois. Elle était toute pareille à lui; mêmes yeux, même regard. Étrange ressemblance que celle d'une si petite créature avec un homme.

Un jour, elle s'en retourna dans les régions mystérieuses d'où elle était venue, rappelée tout à coup par une maladie d'enfant, à laquelle ni la vieille sage-femme ni la grande *penseuse* de Toulven n'avaient rien compris. Et on l'emporta là-bas au pied de l'église, ses yeux semblables à ceux d'Yves fermés pour jamais.

Dans ces bois, nous avions passé nos deux heures de jour. Après souper seulement, nous étions allés, Marie et moi, voir au clair de lune où en était leur nouveau logis.

A la place du champ d'avoine que nous avions mesuré en juin de l'année précédente s'élevaient maintenant les quatre murailles de la maison d'Yves ; elle n'avait encore ni auvent, ni plancher, ni toiture, et, au clair de lune, elle ressemblait à une ruine.

Nous nous assîmes au milieu, sur des pierres, nous trouvant seuls tous deux pour la première fois.

C'est d'Yves que nous parlions, cela va bien sans dire. Elle m'interrogeait anxieusement sur lui, sur son avenir, pensant que je connaissais plus profondément qu'elle ce mari qu'elle adorait avec une espèce de crainte, sans le comprendre. Et moi, je la rassurais, car j'espérais beaucoup : le forban avait pour lui son bon et brave cœur ; alors, en le prenant par là, nous devions à la fin réussir.

Anne apparut tout à coup, venue sans bruit pour écouter et nous fit peur :

— Oh ! Marie, dit-elle, change de place bien vite ; si tu voyais derrière toi comme c'est vilain, ton ombre !

En effet, nous n'y avions pas pris garde. Sa tête seule éclairée par la lune, avec les ailes de sa coiffe qui remuaient au vent, donnait derrière elle, sur le mur tout neuf, l'image d'une chauve-souris très grande et très laide. C'était assez pour nous porter malheur.

Dans Toulven, les binious sonnaient. Pour rentrer à l'auberge, où elles venaient toutes deux me reconduire, il nous fallut traverser une fête inattendue, éclairée par la lune. C'était une noce de riches et on dansait en plein air, sur la place. Je m'arrêtai, avec Anne et Marie, pour regarder la longue chaîne de la gavotte tournoyer et courir, menée par la voix aigre des cornemuses. La belle lune rendait plus blanches les coiffes des femmes, qui passaient devant nous comme envolées dans le vent et la vitesse ; on voyait sur la poitrine des hommes briller rapidement les gorgerins brodés, les paillettes d'argent.

A l'autre bout de Toulven, encore du monde. Cela ne semblait pas naturel, cette animation dans le village, la nuit. Encore des coiffes qui couraient, qui se pressaient pour mieux voir. C'était une bande de pèlerins qui revenaient de Lourdes et faisaient leur entrée en chantant des cantiques.

— Il y a eu deux miracles, monsieur, on l'a su ce matin par le télégraphe.

Je me retournai et vis Pierre Kerbras, le fiancé d'Anne, qui me donnait ce renseignement.

Les pèlerins passèrent, ayant au cou leurs grands chapelets ; derrière, il y avait deux vieilles femmes infirmes qui n'avaient pas été guéries, elles, et que des jeunes gens rapportaient dans leurs bras.

Le lendemain matin, le vieux Corentin, Anne et le petit Pierre, en habits de dimanche, vinrent me reconduire dans le char à bancs de Pierre Kerbras, jusqu'à la station de Bannalec.

Dans le compartiment où je montai, deux vieilles dames anglaises étaient déjà installées.

On me fit passer petit Pierre, sa bonne figure couleur de pêche dorée, à embrasser par la portière, et lui éclata de rire en apercevant un petit chien *bull* que les ladies portaient dans leur sac de voyage armorié. Il avait pourtant du chagrin parce que je m'en allais ; mais ce petit chien dans ce sac, il le trouvait si drôle, qu'il n'en pouvait plus revenir. Et les vieilles ladies souriaient aussi, disant que petit Pierre était *a very beautiful baby*.

Et puis ce fut fini de la Bretagne pour longtemps ; j'y avais passé vingt heures, et, le lendemain matin, elle était déjà bien loin de moi...

XCVI

LETTRE D'YVES

Melbourne, septembre 1882.

« Cher frère,

» Je vous fais savoir notre arrivée en Australie ; nous avons eu une traversée tout à fait belle et nous devons repartir demain pour le Japon ; car vous savez que nous avons reçu l'ordre de faire un petit tour dans ce pays-là.

» J'ai trouvé ici deux lettres de vous et aussi

deux de ma femme ; mais j'ai bien hâte de lire celle que vous m'écrirez quand vous aurez passé par Toulven.

» Cher frère, votre remplaçant à bord est tout à fait comme vous ; il est très bon avec les marins. Tant qu'au remplaçant de M. Plumkett, il est assez dur, mais pas à mon égard, au contraire. M. Plumkett m'avait dit qu'il m'aurait recommandé à lui en partant, et c'est une chose que je croirais assez. Les autres et le major sont toujours de même ; ils me parlent souvent de vous et me demandent de vos nouvelles.

» Le commandant m'a donné à faire le service de second-maître depuis que nous avons jeté à l'eau le pauvre Marsano, le Niçois, qu'on a trouvé tué un matin dans son hamac en faisant le branle-bas. Et j'aime beaucoup ce service-là.

» Cher frère, on a envoyé deux fois les marins se promener à terre, à San-Francisco, et vous pensez, sans vous, je n'ai pas seulement donner mon nom pour descendre avec eux. Même je vous dirai que les gabiers ont fait une grande *baroufe*, la seconde nuit, contre les Allemands, et il y a eu du mal avec les couteaux.

J'ai aussi à vous dire, cher frère, qu'on n'a pas encore ôté votre carte de dessus la porte de votre chambre, et je pense qu'on l'oubliera tout à fait à présent. Alors, le soir, je fais mon tour par le faux-pont arrière pour passer devant.

» L'année prochaine, quand nous reviendrons, j'ai espoir d'avoir une bonne permission pour aller voir ma femme et mon petit Pierre, et ma petite fille ; mais ce sera toujours bien court, et certainement je ne serai jamais tranquille avant d'avoir ma retraite. D'un autre côté, quand je serai d'âge à laisser les cols bleus, mon petit Pierre sera près de partir pour le service, lui, à son tour, ou bien il y aura peut-être une place pour moi là-bas, du côté de l'étang, vers l'église : vous savez quelle place je veux dire.

» Cher frère, vous croyez que je prends des manières comme vous ? Mais non, je vous assure, je pense comme j'ai toujours pensé.

» Pour les *têtes de coco*¹, je crois bien qu'elles sont perdues, car nous ne passerons pas en Calédo-

1 Têtes humaines, très laides à voir ; les déportés de Calédonie les fabriquent avec des cocos auxquels ils mettent des yeux, des dents et des cheveux. Yves voulait en mettre dans son escalier, à Toulven.

nie ; mais enfin plus tard, je pourrai peut-être y revenir et en acheter. Si vous passiez par le golfe Juan, vous me feriez bien plaisir d'aller à Vallauris prendre pour moi deux de ces flambeaux, comme ils en font dans ce pays, et qui ont des têtes de *perruches de France*[1]. Ça m'amuserait beaucoup d'en mettre comme ceux-là chez moi. J'ai bien hâte, frère, d'installer ma petite maison.

» Parmi toute espèce de choses qui me rendent triste quand je me réveille, ce qui me fait le plus de peine, c'est que ma mère ne veut plus du tout venir demeurer en Toulven. Il me semble que, si je pouvais avoir une permission pour aller la chercher, avec moi, pour sûr, elle viendrait. Mais d'un autre côté, alors, je n'aurais plus personne à Plouherzel, et ça, c'est encore une chose que j'aime mieux ne pas penser ; car Plouherzel c'est tout à fait notre pays, vous savez bien. Si je pouvais croire ce que vous m'avez dit souvent au sujet de revivre après qu'on est mort, il est sûr que je me trouverais encore assez heureux. Mais, tenez, je vois bien que, vous-même, vous n'y croyez pas

1. Flambeaux en forme de hibou.

beaucoup. Pourtant je trouve très drôle que j'ai peur des revenant, et je croirais assez, frère que vous en avez peur aussi.

» Je vous demande bien pardon de la feuille sale que je vous envoie, mais ce n'est pas tout à fait moi la cause ; vous comprenez, je n'ai plus votre bureau à présent pour faire mes lettres dessus comme un officier. Je vous écrivais assez tranquille à la fin de mon quart de nuit sur les caissons de l'avant, et alors l'idiot de Le Hir m'a chaviré ma bougie. Je n'ai pas le temps de faire ma petite écriture à ma façon comme je fais quelquefois, vous savez, celle que vous trouvez jolie. J'écris à courir, et je vous demande bien pardon.

» Nous partons demain matin, dès le jour, pour ces pays du Japon ; mais je vous ferai parvenir ma lettre par le pilote qui viendra nous mettre dehors. Je termine en vous embrassant bien des fois de tout mon cœur.

» Votre frère,

» YVES KERMADEC. »

« Cher frère, je ne puis dire combien je vous aime.

» YVES. »

XCVII

Décembre 1882.

... Je passais sur les quais de Bordeaux. Quelqu'un de fort bien mis vint à moi, le chapeau bas et la main tendue : Barrada! — Barrada transformé, ayant coupé sa barbe noire, et quitté ses trente et un ans, sans doute en même temps que ses cols bleus ; les joues soigneusement rasées, la moustache naissante, l'air d'un jeune amoureux de vingt ans.

Toujours aussi parfaitement beau et noble de lignes, mais la figure meilleure et plus douce, comme éclaircie par une joie profonde.

Il venait d'épouser enfin sa petite fiancée d'Espagne ; l'or de sa ceinture avait monté son ménage, et il s'était fait *arrimeur* de navires, un métier très lucratif, paraît-il, où il utilisait à merveille sa grande force et son instinct du *débrouillage*. Il fallut lui promettre par serment qu'au retour du *Primauguet*, je passerais par Bordeaux avec Yves pour venir le voir.

Il était heureux, celui-là !

, Et la fin de ce rouleur de mer me donnait à réfléchir. Je me demandais si mon pauvre Yves, qui, avec un cœur aussi bon, avait assurément beaucoup moins forfait aux lois honnêtes, ne pouvait pas, lui aussi, finir un jour par un peu de bonheur...

XCVIII

Télégramme. — « Toulon, 3 avril 1883. — A Yves Kermadec, à bord du *Primauguet*. — Brest.

» Tu es nommé second-maître.
» Je t'embrasse,
» PIERRE. »

C'était sa joyeuse bienvenue, sa fête d'arrivée, car, depuis vingt-quatre heures seulement, le *Primauguet*, revenu de sa promenade lointaine dans le Grand-Océan, avait mouillé dans les eaux de France.

Et ces galons d'or que j'envoyais à Yves par le télégraphe, il ne les *arrosa* pas, comme il avait fait jadis de ses galons de laine. — Non, les temps étaient changés; il se sauva dans le faux-pont, dans un coin où se trouvaient son sac et son armoire et qu'il considérait comme son chez lui; vite, il descendit là, pour être tout seul à envisager cette joie qui lui arrivait, à relire ce bienheureux petit papier bleu qui lui ouvrait toute une ère nouvelle.

C'était si beau, si inattendu, après sa mauvaise conduite passée !

J'avais été à Paris demander cette faveur, intriguer beaucoup pour mon frère d'adoption, en me portant garant de sa conduite à venir. Une femme de cœur avait bien voulu employer à ma cause son influence très puissante, et alors la promotion d'Yves avait été enlevée d'assaut, bien qu'elle fût difficile.

Et Yves n'en finissait plus de regarder son bonheur sur toutes ses faces... D'abord, au lieu d'avoir à demander une permission courte qu'on lui eût peut-être beaucoup marchandée, — avec ses galons d'or il allait partir de droit pour Toulven; on allait l'envoyer en *disponibilité* pendant trois mois au moins, quatre peut-être ; il aurait tout l'été à passer là avec sa femme et son fils, dans la petite maison qui était finie et où on l'attendait justement pour tout installer... Et puis ils allaient se trouver très riches, ce qui ne gâterait rien...

Non, jamais dans sa vie de pauvre errant, toujours à la peine, — jamais il n'avait eu une heure si belle, une joie si profonde que celle que son frère Pierre venait de lui envoyer par le télégraphe...

XCIX

Quand les vents me ramènent en Bretagne, c'est aux derniers jours de mai, au plus beau du printemps breton.

Il y a déjà six semaines qu'Yves est dans sa petite maison de Toulven, arrangeant ma chambre, préparant tout pour mon arrivée.

Le navire sur lequel je suis embarqué a quitté la Méditerranée pour remonter dans l'Océan, vers les ports du Nord et désarmer à Brest.

18 mai, en mer. — Déjà on sent la Bretagne approcher. Il fait beau encore, mais un de ces beaux temps bretons qui sont tranquilles et mélancoliques. La mer unie est d'un bleu pâle, l'air salin est frais et sent le varech ; il y a sur toute chose comme un voile de brumes bleuâtres, très transparentes et très ténues.

A huit heures du matin, doublé la pointe de Penmarc'h. Les granits celtiques, les grandes falaises tristes peu à peu se dessinent et s'approchent.

Maintenant ce sont de vrais bancs de brumes, — mais très légers, brumes d'été, — qui se reposent partout sur les lointains de l'horizon.

A une heure, la passe des Toulinguets, et puis nous entrons à Brest.

19 mai. — Permission de huit jours. A midi, je suis en chemin de fer, en route pour Toulven.

Pluie tout le long du chemin sur les campagnes bretonnes. Dans les prés, dans les vallées ombreuses, tout est plein d'eau.

De Bannalec à Toulven, une heure de voiture à travers les bois. Le regard fixé en avant, je cherche la flèche en granit de l'église au fond de l'horizon vert.

La voilà qui paraît, reflétée profondément, en dessous, dans l'étang morne. Le beau temps est revenu avec un pâle ciel bleu.

Toulven !.. La voiture s'arrête. Yves est là à m'attendre, tenant petit Pierre par la main.

Nous nous regardons tous deux, — et voilà que d'abord une même envie de rire nous prend en même temps, à cause de nos moustaches. Cela change nos figures et nous nous trouvons drôles. Nous ne nous étions pas vus depuis que les marins ont le droit d'en porter. Yves exprime l'avis que cela nous donne un air beaucoup plus dégourdi.

Après, nous nous embrassons.

Comme il est encore devenu beau, le petit Pierre, et plus grand, et plus fort !... Nous partons ensemble, traversant Toulven, où les bonnes gens me connaissent, et sortent sur leur porte pour me voir arriver. Nous défilons dans l'étroite rue grise, aux maisons centenaires, aux murs de granit massif. Je reconnais la vieille à profil de chouette qui a présidé à la naissance de mon filleul ; elle me fait bonjour de la tête par une fenêtre ouverte. Les grandes coiffes, les collerettes, les paillettes des corsages, se détachent dans les embrasures profondes, sur les fonds obscurs, et tout cela me jette au passage ces impressions des vieux temps morts qui sont particulières à la Bretagne.

Petit Pierre, que nous tenons par la main, marche maintenant comme un homme. Il n'avait encore rien dit, un peu saisi de me revoir ; mais le voilà qui cause ; il lève vers moi sa figure ronde et me regarde déjà comme quelqu'un d'ami à qui on fait part de ses réflexions. Petite voix douce que je n'ai pas encore beaucoup entendue. Comme il a l'accent de Bretagne !

— Parrain, tu m'as apporté mon mouton ?

Heureusement je m'étais rappelé cette promesse de l'an dernier ; il était dans ma malle, ce mouton à roulettes, pour mon petit Pierre. Et j'apportais aussi des flambeaux, *ayant des figures de perruches de France*, que j'avais promis à mon autre grand enfant, — Yves.

Voici la maison, gaie et blanche, toute neuve, avec ses entourages de fenêtres en grand breton, ses auvents verts, son grenier à lucarne, et, derrière, l'horizon des bois.

Nous entrons. En bas, dans la cuisine à grande cheminée, Marie et la petite Corentine nous attendent.

Mais tout de suite, Yves me prie de monter, car il a hâte de me faire voir le haut, leur belle chambre blanche, avec ses rideaux de mousseline et ses meubles de cerisier verni.

Et puis il ouvre une autre porte :

— A présent, frère, voilà chez vous !

Et il me regarde, anxieux de l'effet produit, après tant de mal qu'ils se sont donné, sa femme et lui, pour que je trouve tout à mon goût.

J'entre, touché, ému. Elle est toute blanche, ma chambre et on y sent un parfum délicieux, il y a partout des fleurs qu'on est allé chercher très loin pour moi ; dans les vases de la cheminée, des touffes de réséda et de gros bouquets de pois de senteur ; dans le foyer, c'est rempli de bruyères.

Ils n'ont pas pu se décider, par exemple, à y mettre des vieux meubles, des vieilleries bretonnes, et ils s'en excusent, n'ayant rien trouvé à leur idée d'assez joli ni d'assez propre. On est allé à Quimper m'acheter un lit comme le leur, en cerisier, qui est un bois clair, d'une couleur gaie, un peu rose. Les tables et les chaises sont pareilles. Les plus petits détails sont arrangés avec tendresse ; sur les murs, il y a, dans des cadres dorés, des dessins que j'ai faits jadis et une grande photographie du clocher à jour de Saint-Pol-de-Léon, que j'avais donnée à Yves du temps que nous naviguions ensemble sur la *mer brumeuse*.

Par terre, les planches sont nettes comme du bois neuf :

— Vous voyez, frère, c'est tout blanc comme à bord, dit Yves, qui a lui-même blanchi partout avec tant de soin, et qui se déchausse chaque fois qu'il monte pour ne pas salir ses escaliers.

Il faut tout voir, tout visiter, même le grenier à lucarne, où sont rangées les pommes de terre et les cosses de bois pour l'hiver; même le vestibule de l'escalier, où est suspendu, comme un *ex-voto* de marin dans une chapelle de la Vierge, le bateau en miniature qu'Yves a construit pendant ses loisirs dans sa hune du *Primauguet*; et puis le jardin où des fraisiers et de petites salades commencent à pousser le long des allées toutes fraîches.

Maintenant nous sommes à table, Yves, Marie, la petite Corentine, le petit Pierre et moi, autour de la nappe bien blanche sur laquelle le dîner est posé. Yves, mon frère Yves, se trouve drôle et s'in timide tout à coup dans son rôle de maître de maison. Alors c'est moi qui suis obligé de découper, et, comme c'est la première fois de ma vie, je m'embrouille aussi.

A ce dîner, je mange pour leur faire plaisir; mais ce bonheur si complet que je sens là près de moi et dont je suis un peu cause, cette reconnaissance si profonde qui m'entoure, tout cela m'impressionne très étrangement. Être au milieu de ces choses rares, cela me surprend comme une nouveauté délicieuse.

— Vous savez, me dit Yves, bas comme en confidence, maintenant je vais à la messe le dimanche avec elle.

Et il fait du côté de sa femme une petite grimace de soumission enfantine, très comique avec son air sérieux. D'ailleurs sa manière d'être avec Marie a tout à fait changé, et j'ai bien vu en entrant que l'amour était enfin venu s'installer pour tout de bon dans la maison neuve. Alors mes chers amis n'ont plus rien à attendre de meilleur sur terre; comme Yves le dit, il faudrait seulement pour voir *arrêter la pendule du temps* pour que cette grande joie de leurs rêves accomplis ne s'en aille plus.

Eux aussi sont silencieux dans leur bonheur,

comme s'ils craignaient de l'effaroucher en parlant trop fort et trop gaîment.

D'ailleurs nous avons à causer des morts, de cette petite Yvonne qui s'en est allée l'automne dernier sans attendre le retour du *Primauguet*, et qu'Yves n'a jamais vue ; puis du pauvre vieux Corentin, son grand-père, qui a fini pendant les froids de décembre.

C'est Marie qui raconte :

— Il était devenu très difficile sur sa fin, monsieur, lui qui était un homme si doux. Il disait que nous ne savions pas le soigner et il ne faisait que demander son fils Yves : « Oh ! si Yves était ici, il m'aiderait, lui, il me prendrait dans ses bons bras pour me retourner dans mon lit. » La dernière nuit, tout le temps, il l'appelait.

Et Yves reprend :

— Ce qui me cause le plus de chagrin quand je pense à notre père, c'est que justement nous nous étions un peu fâchés le jour que je suis parti, vous savez, pour ce partage? Vous ne pouvez croire, frère, comme cela me revient souvent en tête, cette dispute avec lui.

Le dîner est fini ; c'est le soir, le long soir tiède

de mai. Nous nous acheminons, Yves et moi, vers l'église, pour faire visite à une croix blanche qui est là sur un tertre avec des fleurs :

Yvonne Kermadec, treize mois.

— Il paraît qu'elle me ressemblait tout à fait, dit Yves.

Et cette ressemblance de la petite morte avec lui le rend très pensif.

En regardant la croix, le tertre et les fleurs, nous songeons tous deux à ce mystère : petite fille qui était de son sang, issue de lui, qui avait ses yeux, et alors... probablement aussi une âme pareille, et qui est déjà rendue au sol breton. C'est comme si quelque chose de lui-même s'en était déjà retourné à la terre ; c'est comme des arrhes qu'il aurait déjà données à la poussière éternelle...

Dans quatre ans, cette petite croix qu'on voyait de loin n'existera plus ; on enlèvera Yvonne, son tertre et ses fleurs. Même ses petits os s'en iront aussi se mêler aux autres, aux antiques, sous l'église, dans l'ossuaire.

Quatre ans encore on la verra, cette croix, et on y lira ce nom de petite fille...

Elle est tout au bord de l'étang; dans l'eau dormante et profonde, elle se reflète à côté de la haute flèche grise. Sur le tertre, des œillets fleuris font des touffes blanches, déjà indécises dans la nuit qui arrive. L'étang ressemble à un miroir, d'un jaune pâle, couleur de lumière mourante, comme celle du ciel au couchant; et, tout autour, on voit la ligne déjà noire des grands bois.

Les fleurs des tombes donnent leurs odeurs douces du soir. — Un calme tiède nous environne et semble s'épaissir...

On entend dans le lointain les hiboux qui s'appellent, on ne distingue plus les œillets blancs d'Yvonne... La nuit d'été est venue.

Alors un grand bruit nous fait frissonner tout à coup, au milieu de ce silence où nous songions aux morts. C'est l'*Angelus* qui sonne, là, très près, au-dessus de nous, dans le clocher; et l'air s'emplit de lourdes vibrations d'airain.

Pourtant nous n'avons vu personne entrer dans l'église, qui est fermée et obscure.

— Qui sonne? dit Yves, inquiet, qui peut sonner?... Pas moi qui voudrais le faire, toujours... Non, sûr que je n'entrerais pas dans l'église à l'heure qu'il est, et pas même pour tout l'or du monde, encore !

... Nous nous en allons de ce cimetière ; il s'y fait trop de bruit décidément ; l'*Angelus* y est étrange ; il y éveille des sonorités inattendues, dans les eaux de l'étang, dans la terre des morts, dans la nuit. Non pas que nous ayons peur de la pauvre petite tombe aux œillets blancs, mais ce sont les autres, ces bosses de gazon qui sont autour de nous, ces tertres d'inconnus...

Dix heures. — Je vais dormir ma première nuit sous le toit de mon frère Yves.

Dix heures sonnées. — Nous nous sommes déjà dit bonsoir, et le voilà qui rouvre ma porte.

— C'est pour les fleurs. Elles pourraient peut-être vous faire du mal ; nous venons de penser cela...

Et il emporte tout, les résédas, les pois de senteur, même les gerbes de bruyère.

C

La *pendule du temps* a continué de marcher, même de marcher très vite. La semaine qu'on m'avait accordée va bientôt finir.

Tous les jours dans les bois. — Un temps splendide — Les bruyères, les digitales, les silènes roses, tout est fleuri.

Il y a eu un grand pardon, le dimanche, un des plus renommés de cette région de la Bretagne ; c'était autour de la chapelle de *Notre-Dame de Bonne-Nouvelle*, — qui est seule au milieu des bois, comme si elle s'était endormie là, et oubliée depuis le moyen âge.

La veille, le samedi, nous étions justement venus nous asseoir, à l'ombre, Yves, petit Pierre et moi, auprès de cette église, à l'heure du grand calme de midi. Un lieu très silencieux, au-dessus duquel des chênes et des hêtres séculaires nouaient comme des bras leurs grosses branches moussues.

Deux femmes étaient arrivées, l'une jeune, l'autre fort vieille et caduque ; elles portaient le costume de Rosporden et paraissaient avoir fait longue route. Elles tenaient à la main de grandes clefs.

C'était pour ouvrir le vieux sanctuaire, qui reste fermé tout le long de l'année, et préparer l'autel pour la fête du lendemain.

Dans le demi-jour vert des vitraux et des arbres, nous les apercevions qui s'empressaient autour des vieux saints et des vieilles saintes, les époussetant, les essuyant; puis balayant les dalles pleines de poussière et de salpêtre.

Sur le pied de la Notre-Dame, on avait posé par pitié une tête de mort, trouvée dans la terre du bois. Le crâne crevé, toute verdie, elle nous regardait du fond de la chapelle avec ses deux trous noirs :

— Dis, parrain, qu'est-ce que c'est?... Dans la terre, on l'a trouvée, cette figure, dis?...

C'est petit Pierre qui s'inquiète vaguement de cette chose qu'il n'a jamais vue, comme si elle était pour lui la première révélation d'un ordre d'objets sinistres habitant sous la terre...

Un temps un peu morne, mais exquis, pour ce jour de pardon.

Dix heures durant, les binious ont sonné devant la chapelle, sous les grands chênes, — et les gavottes ont tourné sur la mousse.

Ce je ne sais quoi des étés bretons qui est mélancolique, on ne sait comment le dire, c'est un composé où entrent mille choses : le charme de ces longs jours tièdes, plus rares qu'ailleurs et plus vite partis ; les hautes herbes fraîches, avec l'extrême profusion des fleurs roses ; et puis un *sentiment d'autrefois*, qui dort, répandu partout.

Vieux pays de Toulven, grands bois où il y a déjà des sapins noirs, arbres du Nord, mêlés aux chênes et aux hêtres ; campagnes bretonnes, qu'on dirait toujours recueillies dans le passé...

Grandes pierres que couvrent les lichens gris, fins comme la barbe des vieillards ; plaines où le granit affleure le sol antique, plaines de bruyères roses...

Ce sont des impressions de tranquillité, d'apaisement, que m'apporte ce pays ; c'est aussi une aspiration vers un repos plus complet sous la mousse, au pied des chapelles qui sont dans les bois. Et, chez Yves, tout cela est plus vague, plus inexprimable, mais aussi plus intense, comme chez moi quand j'étais enfant.

A nous voir ainsi tous deux assis dans ces bois, au calme de ces beaux jours d'été, on n'imaginerait plus quels jeunes hommes nous avons pu être, quelle vie nous avons menée, ni quelles scènes terribles entre nous autrefois, aux premiers moments où nos deux natures, très différentes et très semblables, se sont heurtées l'une à l'autre...

Chaque soir, aux veillées, qui sont courtes, on joue avec petit Pierre à un jeu de Toulven, très amusant, qui consiste à se tenir à deux par le menton et à réciter, sans rire, toute une longue histoire : « Par la barbe à Minotte, je te tiens. Le premier de nous deux qui rira, etc. » A ce jeu, petit Pierre est toujours pris.

Après, c'est le *gymnase*. Yves le fait faire à son fils, le tournant, le *virant*, la tête en bas, les jambes en l'air, à bout de bras, l'élevant bien haut : « Dis, mon petit Pierre, quand auras-tu des bras comme les miens? Réponds donc : jamais! oh! non, jamais des bras comme toi, mon père; je ne verrai pas assez de misère pour ça, bien sûr. »

Et quand Yves, tout dépeigné, las d'avoir tant fait le diable, dit, en se rajustant, de son plus grand air sérieux : « Allons, petit Pierre a fini son gymnase à présent, » petit Pierre alors vient à moi, avec ce sourire qui fait qu'on lui donne toujours ce qu'il veut : « C'est à ton tour, parrain, dis ? » Et ce gymnase recommence.

CI

La grande pendule, inexorable, a encore marché ; dans quelques heures, je vais partir, et bientôt mon frère Yves s'en ira aussi, tous deux au loin, à l'inconnu.

C'est le dernier jour, le dernier soir. Yves, petit Pierre et moi, nous allons à la chaumière des vieux Keremenen, pour ma visite d'adieu à la grand'mère Marianne.

Elle habite seule, maintenant, sous son toit plein de mousse, sous les grands chênes étendus en voûte. Pierre Kerbras et Anne, qui se sont mariés au printemps, font bâtir dans le village une vraie maison, en granit, pareille à celle d'Yves. Tous les enfants sont partis.

Pauvre chaumière où s'agitaient si joyeusement, le jour du baptême, les belles coiffes et les collerettes blanches! Déjà passé, tout cela; à présent, elle est vide et silencieuse. Nous nous asseyons sur les vieux bancs de chêne, nous accoudant sur la table où nous avions fait le grand repas joyeux. La grand'mère est sur un escabeau, filant à sa quenouille, la tête basse; son air déjà devenu caduc et égaré.

Bien que le soleil ne soit pas encore très bas, ici il fait noir.

Autour de nous, rien que des choses d'autrefois, pauvres et primitives. Des chapelets très grossiers sont suspendus aux pierres brutes, au granit des murs; dans les coins perdus d'ombre, on aperçoit les cosses de chêne amassées pour l'hiver, et de vieux ustensiles de ménage, noircis et poudreux, aux formes anciennes et naïves.

Jamais nous n'avions si bien senti combien tout cela est passé et loin de nous.

C'est la vieille Bretagne d'autrefois, bientôt morte.

Par la cheminée filtre la lumière du ciel, des tons verts tombent d'en haut sur les pierres de l'âtre, et par la porte ouverte on aperçoit le sentier breton, avec un rayon du soleil couchant dans les chèvrefeuilles et les fougères.

Nous devenons rêveurs, Yves et moi, dans cette visite que nous sommes venus faire au logis des grands-parents.

D'ailleurs, la grand'mère Marianne ne parle que le breton. De temps en temps, Yves lui adresse la parole dans cette langue du passé ; elle répond, sourit, l'air heureux de nous regarder ; mais la conversation tombe vite et le silence revient...

Tristesse vague du soir, rêverie des temps lointains dans ce vieux logis qui bientôt s'affaissera au bord du chemin, qui tombera en ruine comme ses vieux hôtes et qu'on ne relèvera plus.

Petit Pierre est là avec nous. Il affectionne beaucoup, lui, cette chaumière, et cette vieille grand'mère, qui le gâte avec adoration. Il aime surtout la petite corbeille de chêne, œuvre d'un autre siècle, dans laquelle on l'avait mis quand il est né. Il est plus long que son berceau maintenant et s'en sert, assis dedans, comme d'une balançoire, promenant autour de lui ses yeux noirs éveillés. Et voilà maintenant la grand'mère, toute courbée, près de lui, l'échine arrondie sous sa collerette à fraise, qui le berce elle-même pour l'amuser. Elle le berce en chantant, et lui, de temps en temps, lance au milieu de ces notes grêles l'éclat de son rire d'enfant.

Boudoul galaïchen ! boudoul galaïch du !

Chante, pauvre vieille, de ta voix cassée qui tremble, chante la berceuse antique, l'air qui vient de loin dans la nuit des générations mortes et que tes petits-enfants ne sauront plus.

Boudoul, boudoul ! galaïchen, galaïch du !

On s'attend à voir par la grande cheminée, avec la lueur qui descend d'en haut, des nains et des fées descendre.

Au dehors, le soleil dore toujours les branches des chênes, les chèvrefeuilles et les fougères.

Au dedans, dans la chaumière isolée, tout est mystérieux et noir.

Boudoul, boudoul ! galaïchen, galaïch du !

Berce encore ton petit-fils, vieille femme en fraise blanche. Bientôt ce sera fini des chansons bretonnes et aussi des vieux Bretons.

Maintenant, petit Pierre joint ses mains pour faire sa prière du soir.

Mot pour mot, d'une voix très douce qui a beaucoup l'accent de Toulven, il répète en nous regardant tout ce que sa grand'mère sait de français :

— Mon Dieu, ma bonne sainte Vierge, ma bonne sainte Anne, je vous prie pour mon père, pour ma mère, pour mon parrain, pour mes grands-parents, pour ma petite sœur Yvonne...

— Pour mon oncle Goulven, qui est bien loin sur la mer, ajoute Yves d'une voix grave.

Et, encore plus recueilli :

— Pour ma grand'mère de Plouherzel.

— Pour ma grand'mère de Plouherzel, répète petit Pierre.

Et puis il attend autre chose pour répéter encore, gardant toujours ses mains jointes.

Mais Yves a presque des larmes à ce souvenir poignant, qui lui revient tout à coup de sa mère, de sa chaumière, à lui, de son village de Plouherzel, que son fils connaîtra à peine et que lui ne reverra peut-être plus. Ainsi est la vie pour les enfants de la côte, pour les marins : ils s'en vont, les lois de leur métier de mer les séparent de parents chéris qui savent à peine leur écrire et qu'ensuite ils ne revoient plus.

Je regarde Yves, et, comme nous nous comprenons sans nous parler, je pressens très bien ce à quoi il va penser.

Aujourd'hui il est heureux au delà de son rêve, beaucoup de choses sombres sont éloignées et vaincues, et pourtant, et après ? Le voilà tout à coup plongé dans je ne sais quel songe de passé et d'avenir, mélancolie étrange, et après ?

Boudoul galaïchen ! boudoul galaïch du !

chante la vieille femme, le dos courbé sous sa fraise blanche.

Et après ?... Petit Pierre seul est en train de rire. Il tourne de côté et d'autre sa tête vive, bronzée et vigoureuse; la gaîté, la flamme de la vie toute neuve sont encore dans ses grands yeux noirs.

Et après ?... Tout est sombre dans la chaumière abandonnée; on dirait que les objets causent entre eux avec mystère du passé; la nuit va descendre autour de nous sur les grands bois.

Et après ?... Petit Pierre grandira, courra les mers, et nous, mon frère nous passerons, et tout ce que nous avons aimé avec nous, — nos vieilles mères d'abord, — puis tout et nous-mêmes, les vieilles mères des chaumières bretonnes comme celles des villes, et la vieille Bretagne aussi, et tout, et toutes les choses de ce monde!

Boudoul galaïchen ! boudoul galaïch du !

La nuit tombe, et une tristesse inattendue, profonde, nous prend au cœur... Pourtant, aujourd'hui nous sommes heureux.

> Et les Celtes regrettaient trois pierres
> brutes, sous un ciel pluvieux, au fond
> d'un golfe rempli d'îlots.
> Gustave Flaubert, *Salammbô*.

Nous sortons tous les deux, laissant petit Pierre à sa grand-mère. Nous nous en allons par le sentier vert, sous la voûte des chênes et des hêtres, entendant de loin, dans la sonorité du soir, le bruit du berceau antique qui se balance, et la vieille chanson à dormir et l'éclat de ce rire d'enfant.

Dehors, il fait encore grand jour ; le soleil, très bas, dore la campagne tranquille.

— Allons encore jusqu'à la chapelle de Saint-Éloi, dit Yves.

Elle est en haut de la colline, bien antique, toute

rongée de mousse, toute barbue de lichens, seule toujours, fermée et mystérieuse au milieu des bois.

Elle ne s'ouvre qu'une fois l'an, pour le *pardon des chevaux*, qui viennent tous alentour, à l'heure d'une messe basse qu'on dit là pour eux. C'était tout dernièrement ce pardon, et l'herbe est encore foulée par les sabots des bêtes qui sont venues.

Ce soir, c'est une tranquillité étrange autour de cette chapelle. Les horizons boisés s'étendent au loin paisibles, comme pris de sommeil ; il semble que ce soit aussi le soir de notre vie et que nous n'ayons plus qu'à nous reposer du repos éternel en regardant la nuit descendre sur les campagnes bretonnes, à nous éteindre doucement dans cette nature qui s'endort.

— ... C'est égal, dit Yves très songeur, je crois bien que ce sera quelque part *par là-bas (par là-bas* signifie Plouherzel) que je m'en retournerai quand je serai devenu vieux, pour qu'on me mette près de la chapelle de Kergrist, vous savez, là où je vous ai montré? Oui, sûr que je m'en irai par là-bas mourir.

La chapelle de Kergrist, dans le pays de Goëlo, sous le ciel le plus sombre ; le lac d'eau marine et, au milieu, les flots de granit, la grande bête accroupie qui dort sur une plaine grise... Je revois ce lieu, qui m'est apparu, il y a déjà plusieurs années, un jour d'hiver. Oui, je me rappelle que c'est là la terre d'Yves, le sol qui l'attend ; quand il est loin sur la mer, dans la nuit, dans le danger, c'est cette sépulture qu'il rêve.

— Yves, mon frère, nous sommes de grands enfants, je t'assure. Souvent très gais quand il ne faudrait pas, nous voilà tristes et divaguant tout à fait pour un moment de paix et de bonheur qui par hasard nous est arrivé ; c'est tout au plus si le manque d'habitude nous excuse.

» A nous voir pourtant, qui se douterait que nous sommes capables de rêver tout éveillés, simplement parce que la nuit vient et qu'il fait calme dans ce bois ?

« Pense donc, nous avons à peu près trente-deux ans chacun ; devant nous, la vie peut être bien longue encore, et il y aura des voyages, des dangers, des angoisses, et pour chacun de nous du soleil, et des enivrements, et de l'amour, et, qui sait ? peut-être encore entre nous deux des scènes, et des rébellions, et des luttes !

En beaucoup moins de mots qu'il n'y en a ci-dessus, tout cela tomba au milieu de son rêve.

Alors lui me répondit avec un air de reproche triste :

— Au moins, vous savez bien, frère, que je suis changé maintenant et qu'il y a *quelque chose* qui est bien fini ; ce n'est pas de cela que vous voulez parler ?

Et, moi, je serrai la main de mon frère Yves, en essayant de sourire comme quelqu'un qui aurait tout à fait confiance.

Les histoires de la vie devraient pouvoir être arrêtées à volonté comme celles des livres.....

FIN

Original en couleur
NF Z 43-120-8

www.ingramcontent.com/pod-product-compliance
Lightning Source LLC
Chambersburg PA
CBHW052032230426
43671CB00011B/1626